호랑이를 잡아라!

청소년이여, 삶의 정글에서 살아남자

Fighting invisible tigers: stress management for teens

Copyright 2009 by Chungeoram Junior
Original edition published in   by Free Spirit Publishing Inc., Minneapolis, Minnesota,
U.S.A., under the title: Fighting invisible tigers,
a stress management guide for teens(revised & updated).
All rights reserved under International and Pan-American Copyright Conventions.
Korean edition arranged through BC Agency, Seoul

이 책의 한국어 판 저작권은 BC 에이전시를 통한 저작권자와의 독점 계약으로 청어람주니어에 있습니다.
신저작권법에 의해 한국 내에서 보호를 받는 저작물이므로 무단전재와 복제를 금합니다.

이 도서의 국립중앙도서관 출판시도서목록(CIP)은 e-CIP 홈페이지(http://www.nl.go.kr/ecip)에서
이용하실 수 있습니다. (CIP제어번호: CIP2009000938)

호랑이를 잡아라!

청소년이여, 삶의 정글에서 살아남자

얼 힙 글 | 신얼 그림 | 이지나 · 신수진 옮김

청어람 주니어
Chungeoram Junior

감사의 말

원고를 작성하는 일은 책을 세상에 내놓는 일의 일부분일 뿐이다. 처음 원고를 봐준 출판사, 도움 주신 수많은 분들, 편집자들, 아트워크 담당자들, 인쇄소 분들, 회계, 경리, 영업, 유통 담당자들, 모두가 이 책이 출판되어 독자의 손에 쥐어지도록 각자 역할을 해주셨다. 모든 분들의 특별한 능력과 기여에 감사드린다. 특별히 다음 분들에게 감사드리고 싶다.

출판사 대표 주디 갤브레이스 씨의 지속적인 후원과 헌신적으로 청소년을 섬기는 자발적인 의지에 감사드린다. 주디 갤브레이스 씨 같은 분들이 있어서 현재의 제도가 언젠가는 인간의 잠재력을 펼칠 수 있도록 변화되리라는 희망을 가질 수 있다. 편집자 파멜라 엑스펠란드 씨의 참을성, 유머 감각, 마술 같은 능력에 감사드린다. 스스럼없이 자신의 경험을 솔직하고 자유롭게 나눠준 아이들에게도 고마운 마음을 전한다. 이 책을 쓰는 동안 항상 함께해 주고 응원해 주고 참아준 가족, 친구들, 나의 '안전망'이 되어주는 분들에게도 감사드린다.

피콜, 그녀가 있어서 나는 내 꿈을 위해 노력할 수 있었다.

이런 이야기를 지난 며칠, 몇 주, 몇 달 동안 말로 하거나 생각해 본 적이
있니?

- 학교는 따분해.
- 인생은 감당하기 힘들 때가 있어. 매일 일찍 일어나야 하지, 숙제는 너무
  많지, 형제들과 싸우기도 해야지, 사람들은 나를 무시하는 것 같지, 부모
  님이랑은 늘 말이 안 통하지, 친구들 문제에다 내 친구의 친구들 사이에서
  일어나는 문제들까지 있지…… 어휴.
- 내가 더 똑똑했으면 좋겠다. 더 친절했으면, 더 인기가 많았으면, 더 운동
  을 잘했으면…….
- 나 어디 아픈 게 아닐까?
- 사람들이 나에게 기대를 너무 많이 해.
- 해야 할 일은 많은데 다 할 수가 없어.
- 나 자신에 대해 그리고 내가 하고 있는 일에 대해 행복감을 느낄 수 없어.
- 푹 좀 자고 싶어.

이런 말들이 왠지 익숙하다고? 너희만 그런 게 아니지. 내가 듣기로 청소년들이 스트레스 때문에 녹초가 된다고 한다. 살아가면서 부딪치는 문제들을 감당하기가 힘들고, 정신적·육체적으로 미숙하고, 스트레스에 대해 무기력하고, 피곤하다고.

너희가 지금보다 나이가 어렸을 때는 삶이 덜 복잡하다고 생각했을 것이다. 그리고 아무 생각 없이 인생을 즐기면서 재미있게 살 수 있을 거라고 생각했을 것이다. 하지만 오늘날 청소년으로 산다는 것은 스트레스가 가득한 삶을 산다는 것을 뜻할 때가 많다. 정신적 또는 육체적인 고통을 겪지 않고 살아가는 청소년은 거의 없다.

청소년들은 스트레스 받는 것을 이런 식으로 표현한다.

- 감정적으로 혼란스럽고, 정신적으로 지치고, 신경이 곤두서요.
- 피곤하고, 축 처지고, 뚱뚱하고, 못나고, 다른 사람들한테 괴롭힘을 당해요.
- 허리가 아프고, 잠을 잘 수 없고, 만사가 귀찮고, 우울해요.
- 머리가 아파요. 마치 꽉 막힌 상자 안에 있는 것 같아요.
- 몸이 떨리고, 도망가고 싶고, 무기력하게 느껴져요.
- 완전히 망했어요.
- 좌절하게 되고, 녹초가 되고, 아프고, 화가 나요.
- 기분이 나쁘고, 미칠 것 같고, 멍청하고, 혼자이고, 제 자신이 아무것도 아닌 것처럼 느껴져요.
- 모든 것이 무너진 것 같아요.

- 두렵고 혼자인 것 같아요.

- 거절당하고, 슬프고, 인기 없고, 못생기고, 멍청한 것 같아요.

- 무언가에 발목이 잡힌 것 같고, 제정신이 아닌 것 같아요.

- 계속 무언가를 먹어야 할 것 같아요.

- 불만에 가득 차 있고, 변덕스럽고, 삶이 지겨워요.

- 울고 싶어요.

- 소리 지르고 싶어요.

- 때려 부수고 싶어요.

스트레스란 무엇인가?

스트레스라고 하는 이 문제는 정확하게 어떤 것일까? 왜 많은 사람들이 스트레스 때문에 고통을 받고 있을까? 왜 스트레스는 해결하기가 그렇게 어려울까?

스트레스는 가지각색 문제와 도전에 부딪침으로써 얻게 되는 일반적인 감정이다. 상상해 보자. 갖가지 걱정, 인간관계에서 오는 문제, 어려운 과제물, 부모님과의 갈등 같은 여러 가지 문제들이 고무 밴드가 되어 머리를 칭칭 감고 있다. 삶이 더 복잡해질수록 고무 밴드는 머리를 감고 또 감아서 결국은 머리가 완전히 고무 밴드로 뒤덮여 버린다. 스트레스란 바로 그때 느끼는, 꽉 조이는 듯한 답답한 느낌일 것이다.

사람은 참는 데 한계가 있기 마련이다. 그 한계에 가까이 갈 때 삶은 우울하고, 감당하기 힘들고, 두렵고, 위험하게까지 느껴질 수 있다. 머리를 칭칭 감고 있는 고무 밴드가 너무 많아서 어떤 고무 밴드가 기분을 나쁘게 하는지 알 수 없으면, 스트레스를 풀기 위해 무언가를 하기란 참 어렵다. 그 대신 뭔가 잘못되고 있다는 막연한 느낌만을 가질 것이다. 불안감을 느끼겠지만 그 이유가 무엇인지는 꼬집어 말할 수 없을 것이다. 그 막연한 느낌만으로는 어디에서부터 무엇을 고쳐 나갈 것인가를 파악하기란 거의 불가능하다.

보이지 않는 호랑이

이 책의 원래 제목은 '보이지 않는 호랑이와 싸우기'이다. 삶이 스트레스로 가득 차 있을 때는, 마치 무성한 정글 속에서 사납고 배고픈, 보이지 않는 수많은 호랑이들과 함께 있는 것 같기 때문이다. 보이지 않지만, 조용히 다가오는 것은 느낄 수 있다. 이렇게 상상해 보자.

축축하고 유령이 나올 것만 같은 정글에 혼자 있다. 며칠 동안 정글에서 길을 헤맸고, 거대한 모기들이 달려들어 물어뜯는다. 이상한 소리와 낯선 냄새가 공기 속에 가득하고, 너무 더워서 머리에선 모락모락 김이 난다. 시시때때로 위협적으로, 저 깊숙한 곳 어디에선가 으르렁거리는 소리가 들린다.

매일 이런 두려움 속에서 살아간다면 어떨지 생각해 보자. 항상 경계를 늦추지 못하고 안절부절못하며 언제든지 위험을 피할 준비를 갖추고 살아가야 한다. 매순간 경계하며 살아가는 데는 엄청난 에너지가 든다. 주위에 호랑이들은 많은데 그 호랑이들을 다룰 방책이 없는 사람은 곧 미쳐버리고 말 것이다.

만일 그런 정글에서 오랫동안 살아가야 한다면 어떻게 해야 할까? 강도 높은 스트레스가 오랫동안 지속된다면 질병과 우울증 그리고 다른 심각한 문제를 불러올 수 있다. 장기적으로 축적된 스트레스는 심각한 문제다.

스트레스에 관한 나쁜 소식

- 스트레스는 생각하거나 걱정한다고 해서 해결되지 않는다.
- 영리하고, 창조적이고, 의욕에 넘치고, 활동적으로 사는 것이 스트레스를 더는 데 반드시 도움을 주는 것은 아니다. 오히려 스트레스를 늘릴 수도 있다.
- 스트레스를 다루는 데는 쉬운 해답이나 빠른 해결책이란 없다.
- 어떻게 하면 스트레스를 잘 다룰 수 있는지를 청소년들에게 교육하는 기관은 몇몇 학교, 종교 단체, 소년 소녀 클럽, 후속 치료 지도 프로그램 그리고 극히 일부 가정에 불과하다. 대부분의 청소년들은 스트레스에 대처해야 할 때 도움을 거의 받지 못한다.

그렇다면 삶이라는 정글을 헤쳐나갈 때 호랑이에게 상처를 입거나 통째로 먹히지 않기 위해 우리는 무얼 할 수 있을까?

스트레스에 관한 좋은 소식

- 스트레스란 무엇인지 배울 수 있다. 그러면 때때로 중압감을 느끼고, 우울해지고, 감당할 수 없게 느껴지거나 기진맥진해지는 이유에 대해 이해할 수 있을 것이다.

- 모든 사람들이 스트레스를 받을 때 겪는 복잡한 감정들과 육체적 반응에 대해 이제 더 잘 이해할 수 있을 것이다.

- 계속 늘어나는 스트레스에 대처하기 위해 무엇인가 해야 할 순간이 과연 언제인지를 파악하는 데 도움을 주는 '조기 경보 시스템'을 스스로 계발할 수 있다.

- 힘든 시기에 스스로를 돌보는 긍정적인 방법을 배울 수 있다.

- 내 삶의 주도권을 쥐는 법과 호랑이(스트레스 등)를 다루는 새로운 방법을 배울 수 있다.

- 그 누구도 방해할 수 없고 마땅히 누려야 하는, 즐겁고 긍정적인 삶의 태도를 바로 자신이 창조할 수 있음을 알게 된다.

- 그 일을 바로 지금 여기서 시작할 수 있다.

미래의 문맹은 글을 읽거나 글자를 쓸 수 없는 사람이 아니다. 배울 수 없거나, 배운 것을 잊어버리고, 잊어버린 것을 다시 배울 수 없는 사람이 바로 문맹이다.

-앨빈 토플러

이 책은 고된 삶의 환경에서 살아남기 위한 안내서이다. 이 책은 수많은 청소년들의 도움을 받아 만들어진 것으로, 멋진 사람이 되기 위한 방법을 배우는 단기 코스 역할을 해줄 것이다.

■ 1장 〈정글에서의 삶〉을 읽으면

- 스트레스를 받았을 때의 신체적·정신적 반응을 이해하게 될 것이다.
- 스트레스를 해결하는 방법으로 알고 있는 잘못된 상식에 대해 배울 수 있을 것이다.
- 스트레스를 다루는 올바른 방법과 좋지 않은 방법을 구분할 수 있을 것이다.
- 스트레스에 단순히 대처하는 것과 스트레스를 해결하는 것에 중요한 차이가 있음을 알 수 있을 것이다.

■ 2장 〈호랑이에게 물렸을 때 스스로 돌보기〉를 읽으면

- 더 이상 참을 수 없는 한계점에 다다르는 때를 파악할 수 있다.
- 최악의 스트레스 요인이 되는 상황을 예방할 수 있다.

- 신체적·정서적으로 자신을 돌보는 방법을 알게 된다.
- 마치 세상 모든 일이 다 잘못된 것처럼 느껴질 때 옳은 것을 강하게 밀고 나갈 수 있다.
- 신뢰하는 사람들로부터 도움을 얻을 수 있다.

■ 3장 〈인생의 기술〉을 읽으면

- 자기 삶의 주도권을 자기가 쥘 수 있다.
- 자기 자신에게 딱 맞는 성공이란 어떤 것인지 정의할 수 있다.
- 더욱 자신감을 가지고, 자아 존중감을 높일 수 있다.
- 좋은 친구를 사귀고, 그 관계를 유지할 수 있다.
- 분노나 다른 감정들을 긍정적으로 표현할 수 있다.
- 신체적으로 건강해지기 위한 프로그램을 개발할 수 있다.
- 스트레스를 줄이고, 안정감을 찾기 위해 놀이와 유머를 사용할 수 있다.
- 성공적인 인생을 만들어주는 모든 요소들 사이에서 균형을 찾을 수 있다.

사실, 그 어느 것도 단지 책을 읽는다고 해서 습득되지는 않는다. 그러나 이 책을 읽으면, 자신에게 맞는 방법은 무엇인지, 또 어떻게 시작하면 될지 배울 수 있을 것이다. 이 책의 목적은 스트레스에 대해 더 잘 알도록 도와주는 것이다. 또한 어려운 순간에 스스로를 돌볼 수 있는 아이디어를 주며, 멋진 삶이 오랫동안 지속될 수 있도록 하는 데 쓸 수 있는 도구를 제공하는 것이다.

내가 바라는 것은 궁극적으로 어떤 역경에서도 잘 회복되고, 스트레스에 저항력도 강해지는 것이다. 즉, 삶이라는 모험에 잘 대비하는 사람이 되는 것이다. 또한 자신의 잠재력을 믿고, 심한 스트레스에서 오는 두려움과 절망감에 방해받지 않고, 삶의 과정에서 오는 기쁨과 만족감을 받아들일 수 있는 사람이 되는 것이다.

자신에 대해 어떻게 생각하는지와 상관없이, 바로 지금 너희에게는 선택권이 있다. 스스로를 존중하는 선택을 할 수가 있다. 그리고 너희는 삶이 주는 도전 과제를 해결하는 방법을 알 만한 가치가 있는 사람이다. 이 책은 바로 그런 것들에 관한 이야기이다.

행운이 함께하길, 나의 간절한 소망이 함께하길 바라며
얼 힙

|차례|

3장 인생의 기술

1 정글에서의 삶

보이지 않는 호랑이와 싸우기

스트레스가 현대적인 현상이라고 생각하겠지만, 그건 최근에 들어서야 스트레스가 화젯거리가 되고 있기 때문이다. 사실 스트레스는 동굴에 살던 조상들이 살아남기 위해 발버둥 치던 기원전 400만 년 전에도 존재했다. 그 시절에는 불이 잘 붙지 않는 불꽃, 썩은 고기, 습기 찬 동굴, 의복으로 착용했던 따뜻하고 부드러운 짐승 가죽의 부족 같은 문제들이 삶을 복잡하고, 어렵고, 두렵게 만들곤 했다. 하지만 무엇보다 최악의 스트레스는 우리 조상들을 먹을거리로 생각했던 동물이었다.

싸울까, 도망칠까

예를 들어, 화창한 어느 날 정글에서, 무시무시한 송곳니를 가진 호랑이가 점심 한 끼를 해결할 목적으로 이 불쌍한 사람들 앞에 뛰어든다고 해보자. 배고픈 호랑이들이 대화를 할 마음이 있을 리가 있나. 그러니 동굴에 살던 영리한 조상들은 재빠르게 몸을 날려 호랑이를 공격하거나 안전을 위해 부리나케 도망가는 법을 배우게 되었다.

이런 반응이 나오려면 몸은 즉시 '싸울까, 도망칠까' 상황에 맞게 행동할 수 있는, 정교하게 조율된 신경계를 필요로 한다. 정교한 신경계를 갖

지 못했던 선사시대 사람들은 호랑이의 맛있는 간식거리가 되었고, 도망치거나 싸울 수 있던 사람들은 살아서 모닥불 주위에 둘러앉아 무용담을 나누었다. 수백만 년이 흐르는 동안 '싸울까, 도망칠까' 상황에서 재빠르게 반응한 사람들은 살아남았고, 그러지 못했던 사람들은 점심시간이 끝나도 돌아오지 못했다고 해두자.

이와 같이 주위 위협에 자연스럽게 반응하는 과정을 보면, 우리가 유전적으로 물려받은 뛰어난 신경계를 가지고 있다는 것을 알 수 있다. 신경계는 위험을 감지한 순간 싸우거나 달릴 수 있도록 몸에게 준비를 시킨다. 신경계는 매우 민감해서 호랑이나 다른 위협적인 존재에 대해 생각하는 것만으로도 몸을 활성화시킨다.

대부분의 사람은 실제로 호랑이와 마주칠 일은 없지만, 우리가 살고 있는 세상은 오래전에 조상들이 경험했던 것처럼 위협적으로 느껴질 만도 하다. 예를 들어, 다음과 같은 상황이 아마 너희를 불안하게 만들겠지?

- 부모님이 심하게 부부싸움을 할 때
- 어려운 시험을 보아야 할 때
- 이사를 해 친구들과 헤어져야 할 때

- 애들이 학교에 흉기를 가져올 때

- 싸움에 말려들까 봐 걱정될 때

- 친구가 술에 취해 있거나 환각에 빠져 있는 것을 볼 때

- 졸업한 뒤의 삶에 대해 생각할 때

- 세계적 기아나 환경오염, 국가 부채가 걱정될 때

문제는, 우리가 위협적인 상황에 처할 때마다 몸은 마치 배고픈 호랑이를 만난 것처럼 반응한다는 것이다. 위험이 감지된 순간 경보음이 울리고, 우리의 몸과 마음은 즉시 싸우거나 도망갈 수 있도록 준비한다. 강도 높은 스트레스를 경험하는 동안, 몸속에서는 여러 가지 신체 증상들이 동시에 발생한다. 만약 이런 사실을 알지 못한다면 몸이 우리가 겪고 있는 어려움들에 대처할 준비를 하고 있는 것은 전혀 모른 채, 그저 이상이 생긴 것 같다고만 느낄 것이다. 스트레스와 그것이 신체에 가져오는 변화에 대해 배움으로써, 우리는 신체의 변화란 삶의 특정한 순간에 무엇을 할 것인가를 알려주는 '조기 경보 시스템'임을 알 수 있을 것이다.

이제, 건강한 신체가 '싸울까, 도망칠까' 상황을 경험할 때 발생하는 몇 가지 증상들을 그 이유와 함께 살펴보겠다. 사람마다 약간씩 다른 반응을 보이기는 하지만, 우리 모두 위험을 인식할 때마다 자동적으로 다음 증상 중 몇 가지를 겪는다.

- 심장이 두근거린다: 몸은 풍부한 산소를 함유한 피를 빠른 시간 내에 필요

로 하기 때문에 심장이 더 세게, 빠르게 뛴다.

- 평소보다 손발이 차다: 손과 발에 있는 모세혈관은 도망가거나 싸우는 데 사용되는 근육과 심장에 필요한 피를 더 많이 만들기 위해 수축된다.
- 얼굴이 뜨거워지고, 볼과 귀는 달아오르고, 갑자기 머리에 압박감을 느낀다: 목의 동맥은 뇌로 더 많은 피를 전달하기 위해 팽창된다.
- 입이 마르고, 배가 아프다: 소화기관은 다른 신체기관에서 피를 사용할 수 있도록 하기 위해 활동을 멈출 것이다.
- 초조하고 불안하다: 신체조직은 몸을 공격과 도피에 대비시키는 데에 도움을 주는 화학물질을 생산한다. 대표적인 화학물질은 아드레날린이다.
- 땀이 나고, 손이 끈적끈적하다: 싸우거나 도망침으로써 발생하는 열을 예상한 몸은, 피부의 표면에 수분을 내보내서 체온 조절 장치를 가동시킨다. 이때 생산된 수분이 증발하면 체온을 떨어뜨리는 효과가 나타난다.

강도 높은 스트레스를 받을 때 인간은 낯선 육체 감각을 경험하게 되는데 이것이 지극히 평범한 현상임을 아는 게 중요하다. 몸이 오작동을 일으킨 게 아니다. 몸은 제대로 작동하고 있다. 스스로에게 던져야 하는 질문은 "내가 뭐가 잘못된 거지?"가 아니라 "무엇이 내 기분을 이렇게 만드는 것일까?"이다.

> 인간의 모든 신체기관과 화학적인 생체 성분들은 스트레스에 대한 일반적인 반응에 관계되어 있다.
>
> ―한스 설리

단기 스트레스

'싸울까, 도망칠까' 상황에는 많은 에너지가 필요하다. 진짜 호랑이 혹은 보이지 않는 호랑이와 싸우는 것은 육체적인 경험이다. 다행히도 이런 순간은 오래 지속되지는 않는다. 위험한 순간이 지나면 몸이 진정되고, 휴식을 취할 수 있고, 평상시와 같은 상태로 돌아온다.

다음은 전형적인 단기 스트레스의 패턴을 그린 그림이다.

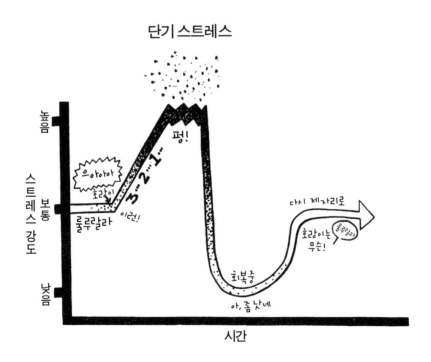

장기 스트레스

지속적으로 스트레스를 겪으며 살아간다면 어떤 일이 일어날까? 항상 호랑이가 으르렁거리는 삶을 산다면 어떤 일이 일어날까? 우리는 점점 더 강도 높은 스트레스에 무디어지고, 차분하게 휴식하거나 회복할 수 있는 시간을 가질 수 없을 것이다. 곧 과도한 스트레스를 당연한 일로 받아들일지도 모른다. 이처럼 오랫동안 스트레스를 경험할 때에는 스트레스가 몸과 마음에 끼치는 나쁜 영향을 알아챌 수 없게 되므로, 장기간의 스트레스는 위험할 수 있다.

장기 스트레스가 심각한 문제가 되는 이유는 무엇일까?

- 스트레스에 시달리고 있어도 배우지 않았기 때문에 스트레스를 인식하지 못한다.
- 부모님의 결정, 학교 규칙, 숙제, 친구들과의 문제, 자신이 안전하지 못하다고 느끼는 것 등 스스로 해결할 수 없는 스트레스 요인이 많다.
- 수많은 문제를 겪고 있기 때문에 한 가지를 해결한 뒤 휴식을 취하는 것은 현실적으로 불가능하다.
- 어렸을 때부터 경쟁하고, 이겨야 하고, 바쁘게 살아야 하고, 언제나 생산적으로 무언가를 하는 게 바람직한 것이라고 교육받았다.
- 휴식을 취하는 방법을 모른다. 휴식을 취하는 것은 우리 사회에서 가치 있게 여겨지지 않는다. 휴식을 취하고, 잠시 동안 가만히 있는 것보다는 서두

르고, 언제나 무리해서 일이나 공부를 하려고 한다.

- 심지어 놀 때조차도 모든 것을 다 잘해야만 한다는 경쟁의식과 중압감을 느낀다. 레크리에이션은 말 그대로 스스로를 새롭게 하는 기회가 되어야 한다. 하지만 레크리에이션도 경쟁을 하느라 좌절감을 가져오는 시간으로 바뀌었다. 우리는 결국 시작할 때보다 더 긴장되고, 고통스러운 상태로 레크리에이션을 끝마친다.

호랑이가 가득한 세상에서 청소년들은 주어진 일을 모두 다 감당해 내기 위해서 이런 노력을 한다.

- 끼니를 거르기도 해.
- 잠을 적게 자.
- 가족들을 도와주는 시간을 늘리려고 노력해.
- 여가 시간을 줄여.
- 내 감정을 사람들에게 말하지 않아.
- 혼자서 어려움을 견뎌내.
- 그 일을 하기 위해 시간을 짜내지.

삶의 스트레스가 증가함에 따라 주어진 일들을 계속 해내기 위해 더 열심히 노력할 것이고, 휴식과 회복을 위한 시간은 잊을 것이다. 이것을 깨닫지 못한다면 에너지, 긍정적인 자세, 성취 욕구 등을 점점 더 잃게 될 것이다. 한 번도 도끼를 날카롭게 갈지 않은 나무꾼처럼, 평소 쉽게 해냈던 일들이 더 어려워졌다고 느낄 것이다. 결국, 너희는 스스로 감당할 수 있는 능력의 한계에 도달할 것이다.

> 쥐 경주의 문제점은, 경주에서 이겨봤자 쥐에 불과하다는 것이다.
>
> -릴리 톰린

한계점에 도달한 때를 어떻게 알 수 있을까

살다 보면, 호랑이 다루는 법을 안다고 해도, 감당할 수 있는 것보다 더 많은 호랑이를 만날 때가 많을 것이다. (게다가 우리 대부분은 호랑이 다루는 법을 전혀 배운 적이 없으니 말이다.) 이럴 때 우리는 과부하 증상을 경험할 것이다. 다음은 이런 상황에서 청소년들이 경험하는 몇 가지 증상이다.

- 선생님과 더 많이 부딪친다.
- 잠이 많이 필요하거나, 푹 잠들 수 없다.
- 계속 먹거나, 전혀 먹지 않는다.
- 두통, 복통, 감기, 감염, 근육통
- 현실을 도피하려고 한 가지(TV 시청, 음악 감상, 공부, 잠자기 등)만 계속하고, 다른 것들은 무시한다.

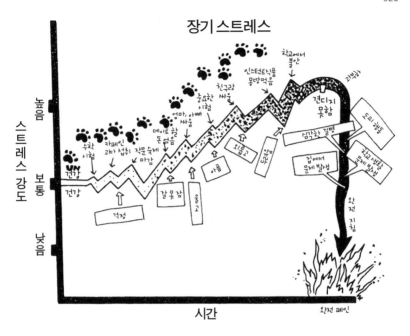

- "날 좀 그냥 내버려둬!" 라며 친구들과 가족들로부터 멀어진다.

- 아무 이유 없이 운다.

- 계속 안절부절못하고, 불안해하고 걱정한다.

- 모든 것이 통제 불가능하게 느껴진다. "나는 지금 통제 불능의 상태야!"

- 우울, 슬픔, 심술궂게 굴기, 짜증

청소년들은 스트레스 요인들을 받아들이거나 그에 대처하느라 너무 바빠서 자신이 어떻게 변하고 있는지 알아차릴 시간이 없다. 무의식적으로 자기에게 적절한 스트레스 강도가 얼마만큼인지에 대한 정의를 계속 수정하고 있다. 과부하 증상이 나타나는 이유를 찾아낼 수가 없다. 잠시 동안 '아무 문제 없어'라고 생각하다가, 금방 심한 복통으로 배를 움켜쥐거나,

잠자리에서 뒤척거리거나, 어머니에게 소리를 지르거나, 오랫동안 두통에 시달리거나, 손톱을 물어뜯거나, 과자를 상자째 먹어치우고 있는 스스로를 발견하게 될 것이다.

위 그림은 장기 스트레스의 패턴이다. 자신이 감당할 수 없는 한계에서 사는 일은 매우 위협적이다. 그렇기 때문에 스트레스를 다루는 방법을 배우는 것은 중요하다. 우선 잘못된 대처법에 대해 알아보자. 사람들은 스트레스를 해결하는 데 전혀 도움이 되지 않는 수많은 믿음과 행동들을 만들었다. 이것은 엉뚱한 데 대고 주먹질하는 것과 다름이 없다.

엉뚱한 데 대고 주먹질하기

세상에 스트레스는 없다.

반복: 세상에 스트레스는 없다.

놀랐나? 생각해 보자. 스트레스를 찾으려면 어디로 갈까? 몽골 고원의 고비 사막으로 갈까? 영국의 웨일즈 남부로 갈까? 중국의 청도로 갈까?

스트레스는 사람의 내부에서 발생하는 것이다. 스트레스는 삶의 도전 과제들을 어떻게 인식하고 해석하는지에 대한 결과이다. 이해를 돕기 위해 두 가지 상황을 상상해 보자.

첫 번째 상황

너는 지금 즐겁게 서커스 공연을 관람하고 있다. 갑자기 무대감독이 오늘 감기에 걸려 나오지 못한 호랑이 조련사를 대신해서, 네가 그 자리를 채우게 되었다고 발표한다. 너는 그것이 농담이라고 생각했지만, 건장한 사내들이 관중석으로 내려와서 너를 어깨에 메고 호랑이 우리 속으로 던져 넣는다고 상상해 보자. 너는 호랑이를 쳐다보고, 호랑이도 너를 점심거리(!)로 쳐다본다. 그리고 너는 비명을 지르기 시작한다. "날 여기에서 꺼내줘! 당장!!"

두 번째 상황

너는 개인적인 일을 생각하며 서커스 공연을 관람하고 있다. 갑자기 진행자는 네가 오늘의 호랑이 조련사라고 발표한다. 다행히 너는 호랑이 조련사 학교에 다닌 경험이 있어서 전문적인 지식과 기술을 가지고 있다. 이것은 매우 신나는 도전이다. 너는 일어서서 흥분에 들떠 호랑이 우리로 돌진한다.

두 가지 경우 모두 호랑이가 존재한다는 것은 똑같다. 상황을 인식하는 방법이 다를 뿐이다. 상황을 인식하는 태도는 상황에 대한 이해와 호랑이 조련(스트레스 해결) 기술에 달려 있다. 스트레스를 해결하는 기술이 없다면 우리는 마치 모든 곳에 보이지 않는 호랑이가 득실대는 것처럼 느낄

것이다. 이런 기술이 우리가 강도 높은 스트레스에 시달리게 될 것인지 인생을 즐기게 될 것인지를 결정한다.

두려움, 오해, 걱정

세상을 보는 관점은 스트레스 강도에 가장 큰 영향을 끼친다. 그렇기 때문에 두려움, 오해, 걱정이 무엇인지 정의하는 것이 중요하다. 만일 모든 두려움과 걱정이 호랑이처럼 느껴진다면 최악의 스트레스 요인이 될 수 있기 때문이다.

너희는 인생의 도전 과제들을 어떻게 인식하고 있을까? 너희가 가지고 있는 걱정과 두려움 중 어떤 것이 현실적이며 이성적이고, 어떤 것이 상상 속에만 존재하고 터무니없는 염려일까? 이 질문에 대한 대답은 너희가 앞으로 배우고 개발해야 하는 기술을 가르쳐 줄 것이다. 잠깐 동안 너희가 가지고 있는 두려움을 떠올려 본 후 종이에 적어보자. 그 두려움들은 삶에 대해 무엇을 말하고 있을까? 너희 자신에 대해 무엇을 말하고 있을까?

삶을 힘들게 만드는 모든 것들을 성공적으로 해결할 수 있다면 좋겠지만, 그게 항상 가능한 것은 아니다. 유능하고 자신감에 넘치는 사람들도 두려움을 느끼고 감당하지 못할 것 같은 기분을 경험한다. 이 책의 후반부에서 너희는 이런 감정이 생길 때 스스로를 돌보고, 세상을 덜 위협적으로 만드는 방법을 배울 것이다. 지금은 인생의 스트레스를 증가시키는 일반적인 생각에 대해 알아보자.

문제를 불러오는 12가지 잘못된 생각

누구에게나 걱정되고 두려운 순간이 있다. 이 순간들은 스트레스에 대한 잘못된 생각 때문에 더 힘들게 느껴진다. 다음 문장들이 너희에게 익숙한지 살펴보자. 이 문장들이 왜 잘못됐고, 어째서 문제를 불러오는지 설명할 수 있을까? 정답을 읽기 전에 스스로 답을 찾아보자.

01. 나는 부정적으로 생각하지 않을 수 있어.

02. 이런 식으로 생각하다니, 이런 식으로 느끼다니, 나는 미쳤어!

03. 계속 바쁘게 지내다 보면, 결국 나 자신에 대해 긍정적으로 생각하게 될 거야.

04. 내 감정을 엄마, 아빠, 학교 상담 선생님, 친구들에게 말한다 해도, 아무도 날 신경 쓰거나, 이해하거나, 도와주려고 하지 않을 거야.

05. 나는 두려운 마음과 문제점들을 스스로 해결해야 해. 도움을 요청한다면, 그건 내가 바보라는 걸 증명하는 셈이야.

06. 울면 안 돼.

07. 오늘만 잘 견디면, 내일은 더 나을 거야.

08. 스스로 모든 것을 해결해야만 해.

09. 인생은 정말 심각해.

10. 잠시 동안 혼자 있고 싶어.

11. 충분히 먹고, 쉬고, 놀 시간이 없어.

12. 나에게 어떤 것이 최선인지 남들이 항상 알고

있을 거야. 그러니 시키는 대로 해야 해.

위와 같은 잘못된 생각은 문제를 악화시킨다. 발전 속도를 늦춘다. 그리고 호랑이가 너희를 잡아먹을 수 있는 기회를 제공한다. 왜 그럴까?

01. 나는 부정적으로 생각하지 않을 수 있어

틀렸다! 감정은 의도한 대로 느낄 수 있는 것이 아니다. 우리는 그냥 느끼는 거다. 감정에 대해 알고, 감정이 무엇을 말하고 있는지 이해해야 한다. 가능하다면, 신뢰하는 사람에게 감정을 털어놓자.

02. 이런 식으로 생각하다니, 이런 식으로 느끼다니, 나는 미쳤어!

삐! 미쳤다니, 절대 미치지 않았다. 너는 수많은 호랑이에 둘러싸인 또렷한 정신의 소유자이고, 감당할 수 있는 한계점에 도달했을 뿐이다.

03. 계속 바쁘게 지내다 보면, 결국 나 자신에 대해 긍정적으로 생각하게 될 거야

아니다! 무시한다고 해서 문제가 저절로 사라지지는 않는다. 만일 바쁘게 지내는 것이 너의 문제 해결 방식이라면 너는 인생에서 어려움에 처하는 대부분의 시간을 일 중독에 빠져 보내야만 할 것이다.

04. 내 감정을 엄마, 아빠, 학교 상담 선생님, 친구들에게 말한다 해도, 아무도 날 신경 쓰거나, 이해하거나, 도와주려고 하지 않을 거야

인생에서 중요한 사람 중 어떤 사람은 너를 신경 쓰거나 이해하거나 지지해 주려 하지 않을 수 있다. 하지만 그중 누군가는 너를 도우려고 할 것이다. 네가 진정으로 신뢰하는 사람은 누구인지 떠올려 보자. 혼자 문제를 떠안는 것은 괴로움을 부르는 것이다.

05. 나는 두려운 마음과 문제점들을 스스로 해결해야 해. 도움을 요청한다면, 그건 내가 바보라는 걸 증명하는 셈이야

위의 04번을 보자. 혼자 큰 문제를 떠안는 것이 어리석은 일이고, 한계점에 이르렀을 때 도움을 청하는 게 영리한 행동이다. 너는 도움을 요청할 수 있다. 단지 누구에게 요청할 것인가를 알면 된다. 누가 적당할까?

06. 울면 안 돼

우는 것은 전혀 나쁘지 않을 뿐만 아니라 오히려 도움이 될 수도 있다. 우는 것은 억눌려 있던 감정을 해소시키는 방법이다. 시원하게 울고 나면 기분이 좋아진다. 하지만 너무 자주, 너무 많이 운다면 친한 친구나 좋은 상담자의 도움이 필요하다.

07. 오늘만 잘 견디면 내일은 더 나을 거야

그럴 수도 있고, 아닐 수도 있다. 내일은 오늘과 같거나 더 나빠질 수도 있고, 오늘보다 더 활력이 없어질 수도 있다. 최고의 전략은 문제와 도전을 인식하자마자 적절하게 행동하는 것이다.

08. 스스로 모든 것을 해결해야만 해

도대체 누가 이런 말을 하는 거지? 어떤 문제에 부딪칠 때, 무엇을 할지 판단하는 건 어려운 일이다. 스스로에 대해 객관적인 태도를 갖는 것도 어려운 일이다. 심지어는 상담자들도 곤경에 처했을 때 도움을 요청한다. 객관적 태도를 유지할 수 있는 사람과 이야기하면 큰 도움이 될 것이다.

09. 인생은 정말 심각해

맞다. 인생에는 심각한 순간들이 있다. 하지만 그렇더라도 사이사이에 재미를 느끼고, 바보처럼 행동하기도 하며, 인생과 자신에 대해 좋은 기분을 가지지 않는다면 균형이 맞지 않다.

10. 잠시 동안 혼자 있고 싶어

가끔 혼자가 되는 것은 이로운 일이다. 하지만 거의 항상 혼자 지내고, 아무와도 이야기하지 않는다면 현실과 더 멀어질 수 있다. 친구란 단지 '있으면 좋은' 존재가 아니다. 친구는 균형, 객관성, 조언을 위해 필요한 존재이다.

11. 충분히 먹고, 쉬고, 놀 시간이 없어

충분히 먹고, 때때로 휴식을 취하며, 재미있는 일을 하는 것은, 어려운 상황에서 회복이 빠르고 스트레스에 저항력이 강한 사람들이 취하는 최소한의 스스로 돌보기 방법이다. 질 나쁜 연료가 주입된 차가 빠른 속도로 오랫동안 달리지 못하는 것처럼 너희도 탄산음료와 인스턴트식품으로는 도전적인 삶을 감당해 낼 수 없을 것이다.

12. 나에게 어떤 것이 최선인지 남들이 항상 알고 있을 거야. 그러니 시키는 대로 해야 해

여기에서 핵심 단어는 '항상'이다. 살다 보면 다른 사람의 의견이나 도움을 구하는 것이 최선일 때도 있지만 스스로를 믿어야 할 때도 있다. 이 두 가지를 모두 활용하는 게 최선의 방법이다. '항상' 다른 사람의 생각에 의지해서도 안 되고, '항상' 혼자서 해결해야 한다고 생각해서도 안 된다.

걱정의 무한 반복

걱정하는 것은 상황을 악화시키는 길이다. 끊임없이 반복되는 음악 파일처럼, 걱정은 마음속에 두려움과 오해를 끊임없이 재생시킨다. 청소년은 성적, 졸업, 안전, 다른 사람과의 관계가 변하는 것, 미래, 지구, 외모, 친구관계 등에 대한 근심으로 가득 차 있지만 이런 고민들은 시작에 불과하다.

다음은 몇몇 청소년들의 걱정거리다.

- 우리 부모님은 또 싸우고 있어요. 요즘 들어 자주 싸우는 것 같아요. 부모님이 이혼하면 어떻게 하죠?
- 사람들과 어울리고 싶지만, 바보처럼 보일까 봐 두려워요.
- 거부당할까 봐 두려워요.
- 숙제를 절대 끝내지 못할 것 같아요.

- 아무도 진심으로 저를 이해하지 않아요.

- 돈을 빌리려면 어디로 가야 하죠? 누가 저에게 돈을 빌려줄까요?

- 정을 너무 많이 주면 상처받을까 봐 겁이 나요.

- 아무도 저를 좋아하지 않으면 어쩌죠? 인생에서 혼자가 되고 싶진 않아요.

- 성적 때문에 놀림받는 게 지겨워요.

- 깡패들의 싸움이 두려워요. 저는 맞거나, 흉기에 상처를 입거나, 칼에 찔리기 싫어요.

- 저는 지독한 고정관념에 싫증이 나요.

- 제가 어른이 되면 환경은 완전히 파괴될 거예요.

- 학교를 졸업하고 나서 미래가 없는 직장에 가고 싶지 않아요.

걱정은 너희 머리에 들어 있는 작은 호랑이와 같다. 작은 두려움들은 너희를 육체적으로, 정신적으로 지치게 한다. 걱정거리가 많으면 스트레스는 증가한다. 걱정하는 것은 문제 해결 방식이 아니다! 걱정하고 있을 때 너희가 문제를 해결하기 위해 무언가 노력하고 있는 것처럼 느껴지겠지만, 실제로 걱정은 시간을 잡아먹고, 몸을 긴장시키고, 에너지를 빼앗고, 긍정적인 태도를 무너뜨린다. 걱정은 삶을 조금도 향상시키지 않는다.

걱정은 종종 작은 일에 큰 그림자를 드리운다

-무명인

청소년들은 어떻게
스트레스에 대처할까?

오늘날 청소년들은 복잡한 삶, 도전, 걱정거리, 불안감, 두려움, 하는 일을 잘 수행하고 규칙을 지켜야 한다는 중압감, 문제를 더욱 악화시키는 오해들을 가지고 살아간다. 이런 가운데 어떻게 살길을 찾을까? 청소년들은 이러한 상황에 일단 '대처' 한다. 힘든 순간들을 견뎌내기 위해 대처 전략(긍정적이지 않은 것들도 꽤 있다만)을 쓴다. 이 책 후반부에 나오듯이 스트레스에 단지 대처하는 것과 스트레스를 다스리는 것은 다르다. 하지만 대부분의 사람들은 살아남기 위해 스트레스에 대처하려 한다.

스트레스에 대처하는 방법에 대해 묻자 다음과 같은 대답이 돌아왔다.

- 책을 읽거나 일기를 써요. (메리, 14세)

- 집에서 쿵쿵 소리를 내며 걷고, 동생을 때려요. (팀 16세)

- 문제를 잊어버릴 때까지 무시해요. (쉐론, 16세)

- 술을 마시고, 담배를 피워요. (아론, 16세)

- 베개를 치며 울어요. (제니퍼, 12세)

- 친구들과 어울리면서 그 문제에서는 도망치죠. (홀리, 17세)

- 침착해질 때까지 공 테이프의 소리를 들어요. (린, 16세)

- 지쳐서 더 이상 뛸 수 없을 때까지 뛰어요. (미구엘, 13세)

- 좋아하는 영화를 수없이 반복해서 봐요. (제이크, 15세)

- 내 생각이 들리지 않을 만큼 음악을 크게 틀어요. (스토미, 17세)

- 몇 시간 동안 게임을 해요. (로브, 13세)

- 컴퓨터를 켜고 인터넷을 해요. (자크리, 14세)

- 혼자서 이야기를 해요. (댄, 14세)

- 항상 상황을 정리하고, 모든 것을 관리하려고 노력해요. (멜리사, 16세)

- TV를 보고, 먹고 또 먹어요. (낸, 15세)

- 피아노를 치거나 산책을 하거나 목욕을 해요. (티나, 15세)

- 자전거를 타요. (조나, 15세)

- 저녁에 잠들었다가, 집이 조용해지는 늦은 밤에 일어나요. (윌리, 15세)

대부분의 청소년들은 자신의 기술로 스트레스에 대처하기 위해 최선을 다하고 있다. 너희는 스트레스를 받고 있다는 느낌이 들 때, 그것에 대처하기 위해 단기 스트레스 대처법을 떠올릴 수 있다. 이 가운데 어떤 행동도 단번에 스트레스를 유발하는 문제를 해결할 수 없을 뿐만 아니라 어떤 행동은 새로운 문제를 일으키기도 한다. 하지만 이런 행동들은 잠시일지라도 스트레스의 불편한 느낌으로부터 벗어나게 한다.

앞서 말한 스트레스 대처법이 오랫동안 지속되지 않는다면 별 문제가 없을 거다. 하지만 불행하게도 스트레스를 가져오는 현실적인 문제와 직면하는 것을 피하기 위해, 위의 행동들을 쉽게 몇 시간, 며칠, 몇 달 혹은 인

생 내내 지속한다면 마치 댐의 물이 새는 구멍을 손가락으로 막으려 하는 것과 같다. 잠깐 동안 물은 새지 않겠지만 시간이 지나면 댐에 전해지는 물의 압력은 구멍을 더 많이 만들어낼 것이고, 결국 손가락이 모자랄 것이다.

스트레스에 대처하는 전략은 '주의를 다른 곳으로 돌리기', '회피하기', '도피하기'의 세 단계가 있다. 각 단계에 있는 행동들은 이로운 것도 있고, 해로운 것도 있는데, 너희가 그 행동들을 왜, 얼마 동안 하는지에 따라 다르다.

주의를 다른 곳으로 돌리기

TV 보기, 친구와 전화로 수다 떨기, 먹기, 음악 감상, 목욕, 산책, 독서, 심지어 공부하는 것까지 주의를 돌리는 일이 될 수 있다. 이런 행동들은 삶의 도전 과제들에서 오는 걱정과 불안을 덜어주고, 잠깐 동안 기분 전환이 된다. 주의를 다른 곳으로 돌리는 것은 가장 단기간 동안 작용하는 대처 행동이고, 비교적 해롭지 않은 방법이다.

회피하기

회피 행동은 '주의를 다른 곳으로 돌리기'의 극단적인 형태이다. 이런 행동들은 더 많은 시간과 에너지를 빼앗아가고, 좀 더 긴 시간 동안 우리를 걱정거리로부터 한 발짝 물러나 있게 한다.

데이트는 즐거운 일이고, 월요일에 있을 어려운 시험에 대한 걱정을 피하는 방법이 될 수 있다. 하지만 주말 내내 데이트를 하거나, 어떤 사람과 계속 함께 지내느라 아무것도 할 시간이 없다면, 그것은 시험에 대한 두려움을 회피하는 것이 된다. 음악 감상은 긴장을 완화시키고 유쾌한 기분 전환이 될 수 있다. 반면, 어디를 가든지 귀에 이어폰을 꽂고 있다면 사람과 접촉하는 것을 피하고, 머릿속에 있는 걱정의 목소리를 듣지 않는 것이다. 음악을 다른 사람들과 스스로의 목소리를 차단하는 수단으로 이용한다면 스트레스는 계속 쌓일 것이다.

몇몇 심각한 회피 행동들은 겉보기에 좋아 보일 수 있다. 팀에서 센터를 맡고 있는 유명한 여자 농구선수는 멋진 인생을 살고 있는 것처럼 보일 것이다. 하지만 그녀가 얼마나 외로운지 사람들은 모른다. 그녀는 친구들을 사귀고 싶지만 시간이 없거나, 친구를 만드는 방법을 모른다. 그녀는 시간이 날 때마다 연습을 해서 외로움을 회피하는 식으로 문제에 대처한다. 그녀는 악몽 같은 순환을 반복하며 살아가고 있다. 더 많이 연습할수록 외로움은 더 커진다. 외로움이 커지면 커질수록 더 많이 연습을 한다. 농구에 더 빠져들수록 친구를 사귈 시간은 더 적어진다.

근본적인 문제를 피하려고 하면 할수록 그 문제는 더 악화되고, 회피 행동은 더 극단적으로 변하게 된다. 이 악몽 같은 순환에 말려들면, 너희는 모든 것으로부터 고립되고, 점점 운신의 폭이 좁아질 것이다. 모든 것을 다 감당해 내느라 너무 바빠서 문제가 빠르게 악화되고 있다는 것을 알아채지 못할 테니까.

과도하게 한 가지 일에 매달리는 것 외에도, 악몽 같은 순환을 가져올 수 있는 네 가지 회피 태도가 있다. '미루기', '병 핑계 대기', '잠자기', '혼자 틀어박히기'이다.

> 회피는 다른 어떤 것이 채워져야만 하는 공백일 뿐이다.
>
> -셸리 해저드, The Bay of Noon

미루기

모든 사람은 해야 할 일을 미룬다. 세상에서 가장 영리하고, 의욕이 넘치고, 성공적인 사람들 중에도 일을 미루는 사람이라고 알려진(아니, 알려지지 않은) 인물이 있다. 만일 높은 강도의 스트레스 때문에 위험에 처해 있다면, 미루기는 특별히 더 위험하다. 그것은 천천히 흔들리고 있는 콜라 캔과 같다. 그 콜라 캔은 겉보기에는 다른 콜라 캔과 똑같아 보이지만, 캔을 따는 순간…… 펑! 축축하고 끈적끈적한 콜라는 사방에 퍼질 것이다.

너희는 미루는 사람인가? 다음은 이 질문에 대한 청소년들의 대답이다.

- 네, 그런데 저는 미루는 것이 싫어요. 해야 할 일을 미루면 모든 것이 엉망이 돼요. (제니, 16세)

- 맞아요! 저는 항상 지루한 일을 미루고 신나는 일을 먼저 해요. 가끔씩 그 지루한(하지만 중요한) 일들을 끝내지 못할 때도 있어요. (루시, 12세)

- 네, 저는 기한 내에 숙제를 끝낼 가망이 없어질 때까지 미뤄요. (릴라, 13세)

- 아니요, 저는 항상 제때 할 일을 해요. (알렉스, 13세)

- 맞아요, 저는 숙제를 미뤘다가 하느라 일요일 밤에는 매번 늦게 자요. (타이, 15세)

- 네, 근데 저는 어떤 일을 끝내거나 말거나 신경 쓰지 않아요. (마티, 15세)

- 저는 숙제를 하는 데 시간이 얼마나 걸릴지 계산한 후에 그 시간까지 기다렸다가 시작해요. (레이첼, 17세)

- 아니요, 저는 해야 할 일에 대한 계획을 세우고, 마감일 전에 끝내요. 저는 어떤 일을 급하게 하는 게 싫어요. (존, 16세)

- 네, 저는 항상 며칠씩 뒤처져요. 저는 마감일이 닥치기 전까지는 시작하지 않아요. (제니, 15세)

- 지금 대답하고 싶지 않아요. 나중에 대답할게요. (켈리, 13세)

미루는 것은 어제를 지속시키는 꼼수이다.

-돈 마르끼스, archy and mehitabel

가끔씩 할 일을 미루는 것은 그저 습관일 수 있다. 하지만 늘 미룬다면 심각한 악몽이 반복된다. 해야 할 것이 많아질수록 더 피하고 싶어진다. 해야 할 일이 많아질수록 점점 더 할 일을 부정한다. 이 순환은 계속되고 결국 지키지 못한 마감일, 볼품없는 핑계, 미완성된 일, 뒤죽박죽된 우선순위에서 비롯된 스트레스가 마구 몰려온다. 너희는 결국 무언가가 폭발할 때까지 완전한 혼란 속에서 살게 될 것이다..

병

부모님은 종종 아이들에게 곤란한 상황에서 빠져나올 때 병을 핑계로 대라고 가르쳐 주곤 한다. 어렸을 때, 몸이 아프니 학교에 가지 않고 집에서 쉬어도 된다는 부모님의 허락을 받아낸 기억이 있을 것이다. 만일 연기가 감쪽같았다면, 소파 위에서 TV를 보며 편안하게 쉴 수 있었겠지. 아마 부모님은 너희 시중을 들어주거나 평소보다 더 많은 관심을 쏟았을 것이다. 설사 아주 조금 아팠다 하더라도 학교에 가지 않고 공연히 소란을 피울 수 있는 좋은 기회였을 것이다.

지금 어린 시절로 돌아가고 싶은 유혹이 생길 것이다. 중압감이나 스트레스를 받으면 메스껍고 아픈 것처럼 느끼기 쉽다. 우리는 누구나 자신을 돌보아주고 대신 문제를 해결해 줄 누군가를 원한다.

조심하자! 이 아프다는 생각에 집중해서 삶을 회피하는 것은 습관이 될 수 있다. 최악의 경우 몸에는 심각한 결과가 나타나고, 악몽 같은 순환이 이어질 수 있다. 더 많은 도전 과제에 부딪칠수록 육체적 증상에 더욱 주의를 기울이게 된다. 육체적 증상들에 대해 걱정하면 할수록 스트레스가 더 많이 생기고, 스트레스와 관련된 심각한 신체 이상이 나타날 확률도 높아진다. 궤양, 소화불량, 알레르기, 두통, 근육통, 심지어는 고혈압이 새로 생기거나, 있던 증상들이 스트레스로 인해 더 악화될 수 있다.

우리 사회에서 아프다는 것은 거의 모든 상황으로부터 빠져나올 수 있는 핑계가 된다. 누워 있을 때면, 아무도 너희에게 문제 해결을 기대하지 않는다. 하지만 불행하게도 아프다고 해서 문제가 사라지지는 않는다. 만일 질병이 너희 회피 전략이라면 정말로 심각하고 고통스러운 병이 생길 수 있다.

잠

월요일 아침에 일어나기 싫고, 가끔 낮잠을 자는 것은 매우 평범한 현상이다. 하지만 지나치게 많이 잔다면 회피 행동일 수 있다. 힘든 육체노동을 하는 사람들도 밤마다 10시간의 수면을 필요로 하지는 않으니까.

잠이 문제를 피하는 수단이라면, 우리는 수직으로 서 있기 위해 끊임없이 중력과 싸워야 할 것이다. 잠을 자면 잘수록 할 수 있는 일은 줄어들고, 잠에서 깨면 더 많은 일을 해야만 한다. 이 악몽 같은 순환이 계속되면 거의 모든 수평면을 가진 표면들이(마룻바닥까지도) '잠깐만' 와서 누워 있으라고 소리 칠 것이다.

혼자 틀어박히기

스트레스가 증가하고, 호랑이가 식식대는 소리가 가까워질수록 안전한 장소로 도망치고 싶은 게 당연하다. 실제로 스스로를 재정비하고, 휴식하고, 회복하기 위해 세상과 동떨어져 혼자가 되는 것은 좋은 자기 치유법이 될 수 있다. 하지만 너희가 방문을 걸어 잠그고 절대 나오지 않으면 고립이 된다. 만일 혼자만의 방이 없더라도 사람들을 만나지 않거나, 무시하거나, 교류하는 것을 거부함으로써 거리를 두기도 한다.

잠시 잠깐이 아닌 '항상' 혼자이고 싶어질 때, 틀어박힘으로써 현실을 피

하려 할 때, 너희는 누구나 문제를 해결할 때 필요한 도움과 균형 잡힌 관점을 잃게 된다. 혼자 틀어박히다가 결국 고립될 때, 너희를 돕고자 하는 사람들의 객관성과 균형 감각으로부터 스스로를 차단시킬 때, 분노, 두려움, 슬픔 혹은 낮은 자존감과 같은 부정적 감정들은 악화된다. 위험한 악몽 같은 순환이 시작되고, 이것은 너희를 빠르게 침몰시킬 수 있다. 고립은 지금 상태보다 더 심각한 대처 태도인 '도피하기'의 바로 전단계이다.

도피하기

회피가 심해지면 도피가 된다. 도피는 자신을 둘러싼 환경에 대처하는 능력이 한계에 다다라서 완전히 벼랑에 몰렸다고 느낄 때 마지막으로 취하는 행동이다. 너희는 맞닥뜨린 장애물에 대처하려고 최선을 다했지만, 충분하지 않았다. 도피는 길을 잃었다는 신호이다. 이 행동들은 너희가 어려운 문제에 부딪친 훌륭한 사람이라는 것과 (그 순간에 너희는 그렇게 느끼지 않을지라도) 여기에서 벗어나는 길을 내려면 도움이 필요하다는 것을 암시한다.

청소년들은 한계를 느낄 때 어떻게 느끼는지를 이렇게 이야기한다.

- 모든 것과 모든 사람들로부터 벗어나고 싶어. (린, 16세)
- 머리가 작은 정육면체 속에서 꽉 눌리고 있는 것 같아. (카렌, 16세)
- 미친 듯이 웃거나 미친 듯이 울 것 같아. (켈리, 15세)

- 완전히 부서진 것 같아. (조엘, 12세)

- 그 누구도 내가 겪고 있는 상황을 이해하지 못할 거야. (래이톤, 14세)

이럴 때는 다음과 같은 도피 행동이 나타날 수 있다.

- 학교를 빠지거나 그만두기

- 가출

- 술이나 담배 중독

- 음식, 이성 친구, 게임, 운동, 공부에 지나치게 집착하기

- 다른 사람에게 상처 입히기

- 자해나 자살 시도

도피 행동은 삶을 혼란스럽게 한다. 또한 오랫동안 짐이 될 수 있는 또 다른 거대한 문제들을 야기한다. 만일 너희가 위의 목록 중 어떤 행동에 의지하는 경향이 있다면 도움을 얻어보자. 지금 너희에게 무슨 일이 일어나고 있는지에 대해 털어놓을 사람을 찾아보자. 우리의 능력이 감당할 수 없는 상황을 경험하고 있을 때 도움을 요청하는 것은 연약하다는 신호가 아니다. 오히려 강인하다는 신호이다.

스트레스 받고, 너무 지쳐서 아무 의욕이 없고, 한계점에 도달했을 때의 감정에 대처하는 일은 살아가면서 종종 마주치게 될 경험이다. 여기서 배워야 할 것은 스트레스를 유발하는 요인을 피하는 것이 아닌, 긍정적이고

자기를 확인하는 방법으로 해결하는 법이다. 스트레스에 대처한다는 것은 스트레스를 다스리는 기술을 습득하고, 실천하는 것과는 다르다는 사실을 이해하는 것이 중요하다. 대처는 고통스러운 감정을 처리하는 단기적인 방법이다. 모든 대처법은 단지 그럭저럭 헤어나는 방법에 불과하다. 만일 호랑이에게 심하게 물린 채 걸어 다니고 있다면, 너희는 스트레스 다스리기 기술을 개발할 시간이나 에너지라고는 없을 것이다. 만일 도피가 유일한 선택처럼 느껴진다면, 시급한 응급조치가 필요하다. 2장 〈호랑이에게 물렸을 때 스스로 돌보기〉를 읽어보자.

버럭, 버럭!

선생님은 날 미워하고

꿍 꿍...

여기저기 안 아픈 데가 없어.

아무리 먹어도 배가 고프고

쩝쩝...

똑 똑

혼자 있고 싶어!

어이! 잘 있었나?

스윽

두 둥

반가워, 어흥!

1 정글에서의 삶

우리를 불안하게 하는 상황

★ 부모님이 심하게 부부싸움을 할 때
★ 어려운 시험을 보아야 할 때
★ 애들이 학교에 흉기를 가져올 때
★ 싸움에 말려들까 봐 걱정될 때
★ 친구가 술에 취해 있거나 환각에 빠져 있는 것을 볼 때
★ 졸업한 뒤의 삶에 대해 생각할 때
★ 세계적 기아나 환경오염, 국가 부채가 걱정될 때

우리가 불안할 때 몸이 일으키는 반응

★ 심장이 두근거린다.
★ 평소보다 손발이 차다.
★ 얼굴이 뜨거워지고, 볼과 귀는 달아오르고, 갑자기 머리에 압박감을 느낀다.
★ 입이 마르고, 배가 아프다.
★ 초조하고, 불안하다.
★ 땀이 나고, 손이 끈적끈적하다.

우리가 한계점에 도달했을 때 경험하는 증상

★ 선생님과 더 많이 부딪친다.
★ 잠이 많이 필요하거나 푹 잠들 수 없다.
★ 계속 먹거나 전혀 먹지 않는다.
★ 두통, 복통, 감기, 감염, 근육통.
★ 현실에서 도피하려고 한 가지 행동만 계속한다.
★ "날 좀 내버려둬"라고 말하며 친구와 가족으로부터 멀어진다.
★ 아무 이유 없이 운다.
★ 안절부절못하고, 불안해하고, 걱정한다.
★ 모든 것이 통제 불가능하게 느껴진다.
★ 우울해하거나 슬프거나 심술을 부리거나 짜증을 낸다.

우리가 경험하는 4가지 회피 행동

★미루기
★병 핑계 대기
★잠자기
★혼자 틀어박히기

우리가 경험하는 도피 행동

★학교를 빠지거나 그만두기
★가출
★술이나 담배 중독
★음식, 이성 친구, 게임, 운동, 공부에 집착하기
★다른 사람에게 상처 입히기
★자해나 자살 시도

❀ ❀ ❀ ✣ ❀ ▲ ✣ ❀ ❖ ❖ ◇

와, 정말 이렇게 많은 문제들을 껴안고 살고 있었다니 얼마나 힘이 드니? 하지만 괜찮아, 괜찮아. 지금 네 삶이 얼마나 꼬여 있든 네 잘못이 아니니까 걱정 마. 너의 모습을 있는 그대로 보는 데서 시작하는 거야. 이제 거울을 들여다보듯이 지금의 네 모습을 찬찬히 들여다보자고!

❀ ❀ ❀ ✣ ❀ ▲ ✣ ❀ ❖ ❖ ◇

2 호랑이에게 물렸을 때

스스로 돌보기

대처할 수 없을 때
무엇을 할 것인가?

자신이 대처할 수 있을 만한 한계에 이르는 것은 매우 위협적인 경험이다. 마치 자기 자신이 미쳐 버린 것처럼 느껴지거나 세상이 미친 것처럼 느껴질 수 있다. 또한 아무도 우리가 겪고 있는 일을 이해하지 못하는 것 같고, 마치 혼자가 된 것처럼 느낄 수 있다. 절망감은 우리로 하여금 내가 무슨 일을 해도 정당화된다고 믿게 만들기도 한다. 하지만 그 행동들은 정당화되지 않는다. 이런 생각은 신뢰하는 사람들로부터의 도움, 지원, 객관적 판단이 필요하다는 또 다른 신호이다. 너희는 강하고 똑똑하지만, 모든 문제를 혼자서 해결해야 할 필요는 없다.

한계에 도달했건 이미 도피 행동을 시작했건, 첫 번째 할 일은 위험에 처했음을 받아들이는 일이다. 절대 쉽지 않은 일이다. 너희가 문제에 대처하기 위해 최선을 다하고 있을 때, 삶이 순조롭게 돌아가지 않는다거나 행복하지 않다는 것을 인정하기란 매우 어렵다. 대부분의 사람들은 자존심 때문에 자신이 어떤 상태인지 솔직히 인정하지 않는 경향이 있다.

스스로에게, 또 다른 사람에게 자신이 문제가 있다는 것을 인정하지 않는 것을 '부정'이라고 한다. 부정은 자기를 속이는 일이고, 필요한 도움을 얻거나, 자신과 삶에 대해 긍정적인 생각을 가지는 데 가장 큰 장애물이 된다. 부정은 너희가 약해질수록 강해지는, 현실을 비틀어 보는 깨진 안경과 같다.

만일 이런 상태에 접어들었다면, 반드시 도움을 청해야 한다. 너희는 도움을 받을 만한 가치가 있다. 너희를 위기에서 도와줄 사람들이 있다. 나는 너희가 누군가를 찾아낼 거라고 장담한다. 주위를 둘러보고 그런 사람을 찾아낼 때까지 포기해선 안 된다.

만일 너희가 위험에 처해 있다는 것을 인정한다면, 축하한다! 스스로 감당해 낼 수 있는 한계를 넘어섰음을 인정하는 것은 너희가 정신적으로 건강한 사람이라는 신호니까. 스스로를 돌보기 위해 취할 수 있는 행동에는 여러 가지가 있다. 다음과 같은 행동은 너희가 느끼는 중압감을 줄여줄 것이다. 더불어 자신이나 다른 사람에게 상처를 입히는 일이 줄어들 것이다.

다른 관점 얻기

문제에 대처하기 어려울 때 할 수 있는 가장 건강한 방법은 마음을 열고 다른 사람의 관점을 받아들이는 것이다. 나의 행동이 정상에서 벗어나 있는지 알아내기 위해 신뢰하는 사람에게 물어보자. 듣기 싫은 소리를 들어야 할 수도 있으므로, 반드시 진심으로 신뢰할 만한 사람이어야 한다.

"린다, 네가 생각하기에 내가 숙제(혹은 이성 친구, 공부, 운동, 분노, 술이나 흡연, 슬픔, 혼자 있기)에 지나치게 빠져 있는 것 같아? 솔직하게 대답해 줘."

"글쎄, 내 생각에는……."

자신이 잘 지내기 위해 최선을 다하고 있다는 사실을 기억해라. 너희는 아마 몇 가지는 부정할 것이고, 삶이 얼마나 균형을 잃었는지 잘 모르겠지. 신뢰하는 사람을 찾아서 너희 감정을 설명한 후, 그 사람의 말을 진심으로 경청해라. 그 사람의 조언은 너희를 바른 방향으로 인도할 것이다. 도움이 필요하다는 사실을 받아들이는 것은 자신을 파괴시키는 오래된 행동을 반복하는 것보다 훨씬 좋은 방법이다.

우리 몸은 구석구석 스트레스에 반응한다.

-한스 셀리, The Stress of Life

부정적인 대처 멈추기

만일 너희 대처 행동이 잘못되었다는 것을 안다면(또는 신뢰하는 누군가가 잘못되었다고 말했다면), 지금 하고 있는 행동을 멈춰야겠구나, 할 것이다. 이것 또한 매우 어려운 일이다. 대처한다는 것은 문제가 주는 불쾌한 감정을 피하는 방법이다. 잘못된 대처 행동을 멈추면, 이제껏 회피하고 있던 감정들을 고스란히 느껴야 할 것이다. 또한 두려운 문제들에 정면으로 맞서게 될 것이다.

도박, 음주, 약물, 성관계, 음식, 운동, TV나 게임 중독 등이 강력한 대처 행동인데, 이런 행동을 그만두기로 마음 먹는 일은 쉽지 않다. 이것이 바

로 심각한 문제와 씨름하고 있는 사람들이 도움을 받을 수 있는 모임을 찾는 이유이다. 비슷한 문제를 가지고 있거나, 자신이 겪는 고통을 이해하는 사람들로부터 지원을 받는 일은 매우 소중하다. 애초에 너희를 어려움에 처하게 한 것은 혼자서 해결할 수 있다는 착각 때문이니까.

조금 덜 급박한 문제들조차도 받아들이고 해결해 나가기 위해서는 진정한 힘을 필요로 한다. 사회에 대한 두려움을 피해 공부에 매달리거나, 매일 방과 후 방청소에 시간을 다 보내가지고는 진짜로 원하는 것을 얻을 수 없다. 그런 행동들은 삶의 질을 떨어뜨리고, 진정한 잠재력을 발휘하지 못하게 한다.

도움을 얻기 위해서 손을 뻗으면, 새로운 문제들을 유발하는 일은 벌어지지 않을 것이다. 삶이 점차 회복되면 스스로를 이해하기 쉬워질 것이고, 새로운 기술을 가진 누군가가 앞에 나타날 것이다. 만일 너희에게 행운이 있다면, 신뢰할 수 있는 새로운 사람을 만나게 될 것이다.

현실은 극복하는 것이다.

-리자 미넬리

다가가고 신뢰하기

고난을 극복하는 사람이 되기 위해 가장 필요한 건 신뢰할 수 있는 사람

들이다. 꼭 부모님이나 친한 친구일 필요는 없다. 가장 가까운 사람들이 가장 주관적이지 못할 때가 많으니까. 친한 사람들은 너희 기분에 너무 신경을 쓴 나머지 솔직하게 이야기하지 않을 수 있다.

신뢰할 수 있는 사람을 찾으려면 시간과 노력이 필요하다. 상담 선생님, 좋아하는 선생님, 종교 단체의 일원, 먼 친척 또는 잘 알지 못하지만 무언가 공통점이 있는 또래 친구 중에서 신뢰할 수 있는 사람을 찾을 수 있다. 누군가를 선택한 후, 기회를 만들자. 너희에게 도움을 주고자 하는 사람은 말과 행동으로 신호를 주지 않을까? 누군가가 믿을 만하다는 것은 어떻게 알 수 있을까? 금방 파악할 수는 없다. 그러나 너희가 한계를 느끼고 있다면 이런 위험은 감수할 만하다. 사람에게 다가가는 것은 스스로를 파괴하는 것보다 낫다.

믿을 수 있는 사람들은 너희가 정서적으로 불안정하고, 혼란스럽고, 가끔 이상하게 굴 심리적으로 안전한 환경을 만들도록 도와준다. 그들은 어떤 이유에도 상관없이 너희를 받아들인다. 그들은 너희가 울거나, 화내거나, 걱정을 털어놓는 방법으로 감정을 표현하게 해서 그 감정이 누그러지게 해준다. 믿을 수 있는 사람들은 너희가 듣고 싶어 하는 말이 아니라, 진실을 말해 준다. 그들은 현실에 기초해 너희가 균형 잡힌 세계관을 형성하도록 도와줄 것이다.

이 책 후반부에서, 가까운 친구를 만드는 방법과 그 관계를 유지하는 법을 배울 것이다. 신뢰할 만한 사람이 몇 명 없다면 위험하다. 이런 사람이 있는데도 호랑이에게 물렸을 때 도움을 요청하지 않는다면, 스스로를 돌볼 수 있는 귀중한 기회를 놓치는 것이겠지.

개인적인 문제에 대처하기 위한 계획 세우기

완벽한 사람은 없다. 사람은 누구나 성격에 결함이 있거나, 이해력이나 기술이 부족해서 인생의 어떤 부분에서 어려움을 겪는다. 이런 결점들은 언젠가 좌절과 고통의 원인이 될 것이다. 이런 결점을 지금 극복할 수도 있고, 나이를 더 먹을 때까지 기다릴 수도 있지만, 청소년기에 반드시 그것들을 해결해야 한다.

만일 인생이 뒤죽박죽되었다는 것을 인정하고, 부정적인 대처 방법을 중단하고, 누군가를 찾아가서 마음을 터놓는 과정을 거쳤다면 다음과 같은 어려운 문제들을 살펴볼 준비가 된 것이다.

- 효과 없는 공부 방법
- 건강한 인간관계를 맺지 못하는 것
- 스스로를 옹호하는 방법을 모르는 것
- 해야 할 일의 우선순위를 정하는 방법을 모르는 것
- 분노를 표현하는 문제
- 상실감에 잘 대처하지 못하는 것

공부하는 방법, 친구 사귀는 법, 자신감이 넘치는 사람이 되는 방법 등을 알고 태어나는 사람은 없다. 우리 모두는 이런 것을 배워야 한다. 경험을 통해 배울 수도 있고, 부모님이나 친구들 중에 알려주는 사람이 있을 수 있다. 학교에서나 자기 계발에 도움이 되는 책에서 이런 기술을 배울 수도 있을 것이다. 이런 기술을 가르쳐 주는 수업이나 모임을 찾을 수도 있다. 위험이 닥치고 나서야 자신에게 필요한 기술을 배우면 너무 늦다.

다음은 우리가 통제하기 훨씬 힘든 인생의 심각한 문제들이다. 이런 문제들에 부딪치면 스스로를 파괴하는 방식으로 대처하기가 쉽다.

- 음주, 폭력, 가정에서의 성적 학대
- 친구나 가족의 자살

영향을 주고, 문제에 대처하는 데 필요한 도움으로부터 너를 멀어지게 한다.

3. 충분히 먹고, 운동하고, 휴식을 취해라

이것은 최고의 순간에 스스로에게 주는 선물이다. 스트레스가 넘치는 최악의 순간에 이렇게 행동하면 살아남을 수 있다. 3장 〈인생의 기술〉에서, 이에 대한 자세한 해답을 얻을 수 있다.

4. 긍정적인 주문을 외워라

부정적인 사람에 대해 말하고 싶을 때 너희는 뭐라고 중얼거릴까? 분노가 넘치고, 상스럽고, 상처를 입히는 문장들로 가득할까? 그렇다면 스스로에게 말할 긍정적인 문장의 목록을 만들 필요가 있다. 다음은 그 예문이다.

- 나는 괜찮은 사람이야.
- 나는 존중받을 권리가 있어.
- 나는 재능 있고 창조적이야.
- 나는 스스로 창조하고 있는 인생 덕에 즐거워.
- 나는 다른 사람의 도움을 받아서 어려운 일들을 처리할 수 있어.

부정적인 문장을 중얼거릴 때마다 스스로를 긍정하는 문장들로 얼른 바꿔치기 하자. 치유의 시작은 스스로를 믿고 사랑하는 것이다. 머릿속의 긍정적인 목소리는 자존감을 높이고, 스트레스를 줄이는 데 큰 도움이 될 수 있다.

삶은 좋은 것이라 믿기

너희는 세상이 기본적으로 좋다고 믿을까, 아니면 나쁘다고 믿을까? 둘 중 어떤 믿음도 완전하게 정확하지는 않지만 모든 것을 부정적으로 생각하면 삶이 힘들어지지. 보는 대로 얻기 마련이다. 만일 항상 학교, 가족, 친구, 자신에 대한 문제점을 찾으려 한다면, 세상은 어두워질 것이고 스트레스는 커질 것이다. 감당할 수 없을 것 같고, 통제력을 잃은 것같이 느껴질 때 절망감에 빠지기 쉽다. 자기 연민을 느끼고, 자신의 비참한 삶에 대해 불평하고 싶어질 것이다. 곧, 너희는 자기 자신과 인생 그리고 세상에 대해 부정적으로 생각한다.

반대의 경우도 있다. 세상에는 좋은 일만 일어나고 사람들은 사려 깊고 친절한 곳이라고 믿으면, 삶은 더 나아질 것이다. 인생과 사람들, 특히 스스로에게 좋은 면을 볼 수 있다면, 너희는 힘든 시기를 헤쳐나갈 수 있는 훨씬 유리한 위치에 있다.

인생의 긍정적인 면을 보려는 것은 너희한테 달려 있다. 빅톨 프랭클은 저서 《의미를 향한 인간의 탐구》에서 강제수용소에서 겪었던 경험을 이야기한다. 그는 최악의 조건에서도 사람은 어떤 태도를 취하고, 어떤 삶의 관점을 가질지를 선택할 수 있다고 말한다. 그의 말이다.

수용소에서 미래에 대한 믿음을 잃은 포로는 불운했다. 미래에 대한 믿음을 잃어버리면서 그는 정신력도 잃었다. 그는 스스로를 쇠퇴하도록 내버려 두었고, 정신적·육체적으로 삭아가도 어쩌지 못했다.

프랭클은 사람이 모든 것을 빼앗길 수 있지만 '어떤 환경에서도 자신의 태도와 관점을 선택할 수 있는 인간의 마지막 자유'만은 빼앗겨서는 안 된다는 것을 배웠다고 한다.

삶에서 감사할 수 있는 목록을 만듦으로써 더욱더 긍정적인 태도를 가질 수 있다. 다음과 같은 것이 감사할 거리에 포함될 수 있다.

- 밤에 안전하고, 편안하게 잠들 수 있는 장소가 있는 것
- 규칙적인 식사를 하는 것
- 건강한 것
- 깨끗한 옷을 입을 수 있는 것

- 민주사회에서 살아가는 것

이미 너희는 다른 사람들보다 감사할 거리가 더 많다. 이런 것들도 목록에 덧붙여 보자.

- 글을 읽을 수 있는 것
- 음식을 사냥해서 얻지 않고 슈퍼마켓에 가서 살 수 있는 것
- 너희를 생각해 주는 친구가 있는 것
- 너희를 돌보아주는 어른들이 있는 것
- 학교에 갈 수 있고, 배울 수 있는 기회를 가진 것
- 세상에 무슨 일이 일어나고 있는지 알려주는 TV나 라디오 혹은 인터넷이 연결된 컴퓨터를 가진 것

지금 너희는 다른 사람들보다 감사할 거리가 훨씬 많다. 이 목록을 더 늘려보자. 인생에서 좋은 점들을 구체적으로 덧붙이자. 그리고 목록을 계속 읽어보자. 너희도 모르는 새에 이 목록은 자신에 대해 부정적으로 생각하는 것에 맞설 강력한 문장이 될 것이다.

만일 너희가 매우 기분이 좋을 때 감사 목록을 만든다면 힘든 시기에 인생을 지탱해 주는 약으로 쓸 수 있다.

자기 자신을 언제 돌보아줄 것인가

사람들이 심각한 문제로 인해 고통받을 때까지 기다렸다가 도움을 준다면 안 될 말이다. 그러나 현대 사회에서는 그런 일들이 자주 일어난다. 너희는 더 잘할 수 있지 않을까. 삶이 통제하기 힘들어지기 시작하고, 스스로가 한계에 다다르고 있다는 것을 감지하자마자 자기 자신을 돌보아줄 수 있다.

자신에 대해, 그리고 스스로의 스트레스 대처 방법에 대해 이해가 높아질수록, 감당하기 힘든 스트레스의 강도에 가까워질 때 그 사실을 더 잘 알게 될 것이다. 또한 이럴 때 무엇을 해야 하는지에 대해서 더 능숙하게 대처할 것이다.

고난을 극복하는 사람이 되는 진정한 기술은 스스로 돌보는 능력 이상의 것이다. 그것은 인생의 스트레스를 줄이는 기술, 그리고 자아 발견의 길로 이끌어주는 특별한 기술을 배우는 것에서 비롯된다. 이런 기술들을 배우고 나면, 원하는 인생을 창조함으로써 경험하는 기쁨과 만족감이 그전과는 달리 느껴질 것이다. 3장 〈인생의 기술〉에서 그 기술들에 대해 알 수 있을 것이다.

좋아하는
라디오가 있고

나를 생각해 주는
친구도 있어.

나는 재능도 있고

창조적이기도 하지!

...

살다 보면
안 좋은 일도 많지만

주저앉아선 안되지!

호랑이에게 물렸을 때 스스로 돌보기

나에게 친절해지는 방법

★ 좋아하는 사람과 함께할 수 있는
  시간을 만들어라.
★ 충분히 먹고, 운동하고, 휴식을
  취해라.
★ 긍정적인 주문을 외워라.

내가 외울 수 있는 긍정적인 문장

★ 나는 괜찮은 사람이야.
★ 나는 존중받을 권리가 있어.
★ 나는 재능 있고 창조적이야.
★ 나는 스스로 창조하고 있는 인생
  덕에 즐거워.
★ 나는 다른 사람의 도움을 받아서
  어려운 일들을 처리할 수 있어.

내가 감사할 수 있는 것들

★ 글을 읽을 수 있어.
★ 사냥하러 나가지 않아도 음식을
  슈퍼마켓에서 사 먹을 수 있어.
★ 나를 생각해 주는 친구가 있어.
★ 나를 돌보아주는 어른이 있어.
★ 학교에 갈 수 있고, 배울 수 있는
  기회가 있어.
★ TV와 라디오, 인터넷이 연결된
  컴퓨터가 있어.

❀ ❀ ❀ ✛ ❀ ▲ ✛ ❀ ❖ ❖ ◆

와, 이것 봐! 이런 걸로 즐거워 하고 감사할 수 있다는 게 믿기 니? 세상은 언제나 좋은 것과 나 쁜 것이 섞여 있어. 항상 좋지만 도 않지만 그렇다고 또 항상 나 쁜 것만도 아니야. 힘들 때는 안 좋은 면이 훨씬 더 커 보이고 좋 은 면은 눈곱만큼도 없는 것 같 지? 하지만 기억해야 해! 안 좋 은 상황에서 좋은 점을 보려고 노력하는 건 정말 가치 있는 일 이야. 힘을 내고 다시 기운을 내 서 생각해 봐. 너는 잘할 수 있어!

❀ ❀ ❀ ✛ ❀ ▲ ✛ ❀ ❖ ❖ ◆

3 인생의 기술

호랑이 길들이기

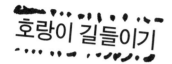

1장에서 스트레스에 일단 대처하는 행동은 호랑이가 가득한 세상에서 살아남기 위해 대부분의 사람들이 취하는 방법이라는 것을 알았다. 스트레스에 대처하기만 해도 삶의 문제들과 어려움에서 비롯되는 스트레스를 피할 수 있기는 하다. 짧은 시간이나마 기분이 나아지겠지.

반면, 스트레스를 다스리면 오랜 시간 삶의 스트레스가 덜할 것이다. '다스린다' 는 것

은 스트레스를 유발하는 상황을 다루는 방법을 안다는 뜻이다. 만일 목 뒤에서 호랑이 숨결을 느끼는 것에 지쳤다면, 스트레스 다스리기는 휴식을 얻고, 호랑이를 길들이고, 정글을 놀이터처럼 만드는 최선의 방법이다.

3장 〈인생의 기술〉은 스트레스 다스리기의 마법사가 되는 데 도움을 줄 수 있다. 3장에서는 더 바른 자세, 향상된 자존감, 스스로 인생의 질과 인생의 방향을 결정하는 능력을 발휘할 수 있게 하는 기술을 알아낼 것이다. 물론 단지 책을 읽는다고 해서 이런 변화를 얻을 수 있는 것은 아니다. 이 책으로부터 얻을 수 있는 것은 스트레스 해결에 관한 마인드맵이며, 배워야 할 것들에 대한 중요성을 깨닫고, 바른 방향으로 나아가게 하는 추진력이다. 어떤 기술은 쉽게 배울 수 있고, 배운 즉시 사용할 수 있다. 반면, 개발하는 데 더 많은 시간이 걸리고, 평생에 걸쳐 다듬고 완성해야 할 기술도 있다.

우리는 끊임없이 스트레스에 대처하며 살아갈 수 있지만, 전반적인 스트레스의 강도를 낮추는 유일한 방법은 스트레스 다스리기 기술을 배우고 개발하는 것이다.

시작하기에 앞서 다음과 같은 것들이 필요하다.

• 체계적인 접근

스트레스 다스리기 기술을 배우면서 흥미가 생기는 점에 대해 가족이나 선생님에게 이야기하자. 그리고 더 잘 알고 싶으면 가족이나 선생님이 무엇을 어떻게 도와줄 수 있는지 물어보자. 도서관에 가서 책이나 잡지, 기사, 영상 자료, 음성 자료를 찾을 수 있도록 사서 선생님에게 도움을 구하자. 스트레스 다스리기에 관한 문화센터 강좌 수강까지도 고려해 볼 수 있다. 새로운 기술을 개발하기 위해서는 그것에 대해 공부하고 완전히 이해해야 한다.

• 지지해 주는 환경

새로운 기술을 배우기 위해서 훈련이 필요하다. 새로운 기술을 시도해 보고, 실수도 할 때면 다른 사람들의 도움, 지지, 조언이 필요하다. 부모님, 선생님과 함께 이야기를 하자. 그리고 지원을 요청하자. 기술을 배우는 것과 그 기술을 자기 것으로 만드는 것의 차이는 훈련에서 온다.

• 인내

새로운 기술을 개발하는 데는 시간이 걸린다. 이 책에서 얻은 어떤 지식을 통해 빠르게 효과를 볼 수도 있지만 어떤 기술은 그러기까지 더 오랜 시간이 걸릴 것이다. 그러나 훈련하고 인내하면, 결국 변화를 느낄 것이다. 또한 자기 자신에게 관대해지자. 처음 시도할 때는, 스스로에게 '완벽하게 해내지 않아도 된다'고 허락하자. 에디슨에게 백열전구를 발명하기 위해 수많은 실패를 했을 때의 느낌을 묻자, 그는 이렇게 대답했다. "나는 한 번도 실패한 적이 없어요. 그저 전구를 개발할 수 없는 수많은 방법들을 배운 거죠!"

설사 지금 너희가 이 책에서 무엇을 배워야 할지 모르거나 혹은 인내심이 없다 하더라도 걱정하지 말자. 그냥 계속 읽어라. 그러다가 어떤 부분이 흥미롭게 느껴진다면, 그때는 배우고 싶을 것이다.

> 하늘 말고는 한계가 없다.
>
> -미겔 데 세르반테스, Don Quixote

첫 번째로 돌봐야 할 것

스트레스는 너희 내부에서 발생하는 것이기 때문에 스트레스 조절 프로그램은 몸과 마음을 돌보는 것에서 시작되어야 한다. 운동, 식사 조절, 휴식 등이 모두 행복을 위해 중요하다.

인생의 기술을 배우는 것은 꽤 쉬운 일이지만, 그것을 삶의 일부로 만드는 것은 도전일 수 있다. 어쨌거나, 처음에는 시간과 에너지를 투자해야 할 것이다. 다음의 기술들은 혼자서 바로 할 수 있는 것들이라 스트레스 다스리기를 시작하기에 아주 좋다.

쓰지 않으면 못 쓰게 된다

오늘날에는 전문적이고 경쟁적인 '선수용 운동'을 강조하기 때문에, 일반인으로서 적당한 운동을 하는 것이 별다른 가치가 있어 보이지 않는다. 그러나 운동은 너희가 개발할 수 있는 스트레스 극복 기술 중에서 가장 중요한 것 중 하나이다. 규칙적으로 운동을 하면 특히 '싸울까, 도망칠까' 상황에서 배출되는 화학물질로 가득 차 있는 초강도 스트레스를 받을 때 도움이 된다. 활동적일 때는 도망갈 때처럼 몸이 생성한 화학물질이 사용된다. 화학물질은 몸에 남아 있으면 걱정과 불안을 느끼게 한다.

청소년들은 건강한 신체를 위해 운동을 하고 있을까? 운동을 하는 혹은 하지 않는 이유는 무엇일까?

- 네, 아무 운동도 하지 않으면 금세 활기를 잃어요. (카나, 14세)

- 아니요, 저는 일상생활만 해도 충분히 활동적인데요, 뭐. (존, 18세)

- 활동적으로 살지 않으면 피곤해지고, 몸매도 망가지고, 뇌가 흐물흐물해져요. (알리샤, 15세)

- 학교가 끝난 다음에 또 무엇을 더 해야 하나요? (에릭, 17세)

- 네, 그래서 몸매를 유지할 수 있어요. 역기를 들거나 샌드백을 붙잡고 씨름하면서 좌절감을 날려 버려요. (조엘, 16세)

- 자전거를 많이 타요. 학교에서 하는 운동은 재미없어요. 전 경쟁을 싫어하거든요. (도보라, 14세)

- 아니요, 저는 더러워지고 땀나는 게 싫어요. (주디, 17세)

- 운동 많이 해요. 운동은 몸을 건강하게 하고, 정신을 맑게 해줘요. (엘리자베스, 16세)

- 적당한 운동은 건강한 삶을 위해 꼭 필요해요. (제니퍼, 17세)

- 활동적인 것은 좋은 거라고 생각해요. 재미있고, 공격성을 없애주고, 생각할 시간을 갖게 해주거든요. (카렌, 18세)

몸을 움직임으로써 건강을 얻을 수 있고, 스트레스를 다스릴 수 있다. 이를 위해서는 적극적으로 운동을 해야 한다. 훈련하고, 노력하고, 근육이 결리는 것을 느껴라. 고통이 없으면 얻는 것도 없다. 같은 말을 하지 않고 있다는 것을 알아채었을까?

> 나는 의욕에 불타서 운동을 시작했다가 몇 주 만에 그만두는 사람들을 많이 보았다. 언제나 그 이유는 자신에게 맞지 않는 운동을 선택했거나, 운동을 너무 심하게 했거나, 아니면 이 두 가지를 동시에 했기 때문이다.
>
> -코버트 베일리, Fit or Fat

적절한 신체 활동 프로그램 개발에는 다음 두 가지의 기본적인 단계가 포함된다.

❶ 한 가지 혹은 그 이상 좋아하는 운동을 찾아라.

❷ 편안하고, 과하지 않고, 오랫동안 지속할 만한 가치가 있다고 생각할 정도의 강도로 규칙적으로 운동하자.

다시 말하자면, 좋아하는 운동을 찾아서 규칙적으로 해야 한다. 스스로 알아차리기 전에 이미 더 건강하고, 안정되고, 스스로에 대해 더 긍정적으로 생각하고 있을 것이다. 어떤 것이든 꾸준한 운동이면 된다. 걷는 것을 좋아한다면 걸어라. 수영을 좋아한다면 수영해라. 뛰는 것을 좋아한다면 뛰어라. 뭘 하더라도 소파에 누워 낮잠 자면서 활동적인 사람이 되기를 꿈꾸는 것보다야 낫다. (소파에서 일어나려고 하는 것은 윗몸일으키기가 아니다!) 개인적인 건강 프로그램을 만들려면 FIT공식을 따라라.

- 'F'는 빈도(Frequency)이다. 일주일에 몇 번이나 운동해야 하는지 그 횟수를 말한다.
- 'I'는 강도(Intensity)이다. 적당한 강도를 말한다.
- 'T'는 시간(Time)이다. 한 번에 얼마나 오래 운동할 것인가를 말한다.

빈도

건강을 유지하고, 스트레스 때문에 분비되는 화학물질을 통제 가능한 상태로 유지하기 위해서는 적어도 일주일에 세 번은 운동을 해야 한다. 일주일에 세 번 운동을 하면 몸은 단지 존재하는 것 이상으로 많은 일을 할 수 있게 훈련된다. 그보다 적게 운동하면 건강을 잃고 있거나, 기껏해야 '현재 그대로'라는 것을 의미한다. 건강해지길 원한다면 좀 더 자주, 적당한 시간 동안 운동을 해야 한다.

일주일에 세 번 운동하라는 것은 월요일에 세 시간 운동하고, 나머지 6일 동안에는 아무것도 하지 말라는 말이 아니다. 활동 시간을 일주일 동안 고르게 분포시켜라. 때때로 정말 힘든 하루를 보낸 후의 가벼운 운동은 마음을 차분하게 만들고, 휴식과 숙면을 취하는 데 도움을 줄 것이다. 선택한 운동이 무엇이든 간에 규칙적인 운동은 너희가 건강을 관리하기 위해 매우 신경 쓰고 있다는 사실을 몸에게 알려준다.

강도

주위를 둘러보면 모두가 어디론가 달려가고, 무엇인가를 성취하고, 다른 사람들과 경쟁하느라 서두르는 것처럼 보인다. 이런 행동을 운동할 때 끌어들이지 않도록 주의해라. 운동을 시작할 때는 누군가보다 더 빨리, 더 많이, 더 잘하고 싶을 수 있다. 또한 전보다 더 강하게, 오래 운동하려고 스스로와 경쟁하는 자신의 모습을 발견할 수도 있다. 하지만 스스로를 밀어붙이는 것은 매우 지치는 일인 데다가 활동적으로 살면서 얻을 수 있는 모든 이익을 잃는 지름길이다. 독한 추진력, 높은 성취욕, 경쟁적인 자기 자신은 집에 내버려둬라.

좋은 의도를 망치지 않으려면 스스로에게 가장 적절한 운동의 강도를 찾아라. 목표심장박동수(THR)를 계산해 보거나, 운동하는 동안 휘파람을 부는 방법으로 적절한 강도를 찾을 수 있다. 목표심장박동수는 운동하는 동안에 최대 효과를 볼 수 있는 맥박수이다. 무조건 열심히 운동하는 게 꼭 이로운 건 아니다. 목표심장박동수는 가장 완벽한 운동 강도이다. 다음 공식을 이용해서 목표심장박동수를 계산할 수 있다.

공식의 분자 부분은 분당 목표심장박동수를 나타낸다. 분당 목표심장박동수를 6으로 나누는 이유는, 실제로는 10초 동안만 맥박수를 측정하기 때문이다. 10초가 지난 후에 건강한 심장은 원래 속도로 돌아오기 시작

$$\frac{220-(\text{자신의 나이})\,70\%}{6} = \text{목표심장박동수}$$

한다.

목표심장박동수에 얼마나 가까워졌나를 파악하려면 20분 동안 우선 선택한 운동을 해라. 그 후에 손목이나 목 옆의 경동맥에서 맥박수를 측정해 보자.

- 맥박수가 목표심장박동수보다 높으면: 너무 힘들게 운동하고 있는 것이다. 속도를 낮추고 더 즐기려고 노력해 보자.
- 맥박수가 목표심장박동수보다 낮다면: 너무 여유를 부리고 있는 것이다. 운동 강도를 높이고 다시 측정해 보자.
- 맥박수가 목표심장박동수와 같거나 비슷하다면: 운동 시간 동안 유지해야 하는 강도를 제대로 찾은 것이다.

적당한 운동 강도를 알아내는 다른 방법은 운동하는 동안 휘파람을 부는 것이다. 운동하는 동안 휘파람을 불거나, 노래를 하거나, 누군가와 대화를 나눌 수 있다면, 과도한 운동에서 오는 위험에서 벗어나 건강상의 이익을 얻을 수 있다.

과도한 운동이 문제가 될까? 너희는 젊고 회복이 빠르기 때문에 신체적으로는 문제가 되지 않겠지. 그러나 과하게 운동하면 힘들고, 재미없으며, 기분이 좋아지지 않는다. 그러면 TV 앞에 있는 소파로 돌아오기 쉽겠지.

시간

운동 효과를 최대한 보기 위해서는, 적어도 20~30분 동안은 맥박수를 목표심장박동수와 같거나 비슷하게 유지해야 한다. 잠깐 격렬하게 운동하고 쉬는 방식으로는 맥박수를 목표심장박동수로 유지시킬 수 없다. 수영, 걷기, 달리기, 줄넘기가 테니스나 소프트볼보다 건강에 더 좋은 이유가 바로 이 때문이다. 30분 정도는 멈추지 않고 계속 움직여야 한다. 그리고 운동을 시작하기 전과 끝낸 후의 몇 분은 준비운동과 마무리 운동을 위해 써야 한다.

FIT(빈도, 강도, 시간) 공식을 요약하자면 일주일에 세 번씩 20~30분 동안 적절한 강도로 즐길 수 있는 운동을 하라는 것이다. 이것은 쓸데없는 과제가 아니라, 그 효과를 생각했을 때 충분히 투자할 가치가 있는 활동이다.

몸 상태가 좋아지면 뭐가 좋은가

- 몸 상태가 좋아질수록 몸은 지방을 저장하기보다는 잘 태우고, 칼로리를 에너지로 더 잘 변환시킨다.
- 몸이 지방을 잘 태우기 때문에 몸 안에 지방이 덜 축적된다. 규칙적으로 운동을 하지 않으면 지방은 아주 쉽게 몸에 축적될 것이다.
- 활동적일 때는 지방과 탄수화물에 저장된 에너지를 효과적으로 사용할 수 있다. 전처럼 배고프지 않을 것이고, 적게 먹게 된다. 그리고 자연스럽게

몸에 좋은 음식을 섭취하려 할 것이다.

- 심장, 폐, 근육, 다른 중요한 신체기관은 튼튼해지고, 더 나은 기능을 발휘한다. 짧으면 2년, 길면 10년까지 수명을 연장시킬 수 있다.
- 지속적으로 활동하는 동안에 몸은 '싸울까, 도망칠까' 상황에서 생성된 화학물질을 없앨 것이다. 적당한 운동을 하면 안정되고, 편안한 기분을 느끼게 된다. 전반적인 삶의 태도도 좋아진다.
- 몸과 마음을 위해 노력하고 있기 때문에, 자신에 대해 긍정적으로 생각하게 된다. 시간이 지나면 이런 생각은 자존감을 높이는 데 기여한다.

이러한 이유들 때문에 운동은 가장 중요한 스트레스 다스리기 기술 중 하나이다. 만일 이런 프로그램을 시작하는 데 어려움이 있다면, 양호선생님이나 체육선생님에게 조언을 얻어라. 선생님들은 건강 상태를 향상시키는 법에 대해 지식을 가지고 있고, 너희에게 좋은 역할 모델이 될 때가 많다. 또한 너희가 건강과 좋은 몸 상태를 유지하기 위한 장기적인 계획을 세우는 것을 객관적으로 살펴봐 주고 지원해 줄 수 있다.

먹는 것이 곧 그 사람을 나타낸다

평온하면서도 힘이 넘치고 활동적인 사람이 되려고 한다면, 너희는 탱크에 좋은 연료를 주입해야 할 것이다. 너희가 섭취하는 음식은 기분에 영향을 주기 때문에, 좋지 않은 음식은 걱정과 스트레스를 부추긴다. 보통 청소년이 자주 섭취하는 음식은 패스트푸드, 단 음식, 탄산음료 등이다.

청소년은 몸에 좋은 음식은 거의 먹지 않는다. 불행하게도 비정상적이고, 항상 서두르는 이 세상에서 인스턴트식품을 섭취하기란 너무나 쉽다.

몸의 모든 세포는 섭취하는 음식으로부터 영향을 받는다. 피부세포, 근육세포, 혈액세포, 신경세포, 심지어 뇌세포까지도 당근과 콜라의 차이를 알고 있다. 만일 세포를 올바르게 다루지 않는다면, 언젠가 세포가 복수할지도 모른다.

건강한 식생활은 하나의 '기술'이다. 몸에 좋은 음식과 그렇지 않은 음식을 알기 위해 생물학자가 될 필요는 없지만, 음식에 대해 배우기 위해서는 개인적인 투자와 의지가 필요하다. 자신을 존중해 주는 특별한 방법은 해로운 음식을 피하고, 건강식을 찾기 위해 조금 더 힘을 쏟는 것이다. 이런 생각을 조금이라도 가지고 있다면, 스트레스를 느끼는 강도에 큰 변화를 가져올 수 있다. 자, 지금부터 시작해야 하는 두 가지 일이 있다. 바로 카페인과 설탕을 줄이는 것!

카페인이 주는 착각

카페인은 원래 하얗고, 쓴 맛을 지닌 투명한 물질로, 메틸크산테인이라 불리는 자연적으로 발생하는 흥분제군에 속한다. 메틸크산테인은 커피 열매, 차나무 잎, 콜라나무 열매, 카카오 열매에 함유되어 있다.

카페인은 어디서나 발견할 수 있는 불가사의한 약물이다. 카페인은 초콜릿, 감기약, 기침약 시럽, 코코아 같은 데에 숨겨져 있다. 그중에 가장 위험한 것은 탄산음료이다. 학교, 쇼핑몰, 상점에서 즉시 구입할 수 있는 탄산음료는 대개 카페인을 함유하고 있다. 캔에 '카페인 무함유'라고 표시되어 있지 않은 이상 탄산음료에는 카페인이 들어 있다.

다음은 "카페인을 얼마나 섭취하는가?"라는 질문에 대한 청소년들의 답변이다.

- 항아리로 퍼 마셔요. (다니엘, 17세)
- 아니요, 저는 어떤 종류의 화학 약품이라도 환각을 느끼게 하는 건 싫어요. (빌리, 17세)
- 많이 섭취하지는 않아요, 하루에 콜라 두 캔에, 커피 네다섯 잔 정도요. (타냐, 16세)
- 카페인을 섭취하면 몸 상태가 안 좋아져요. 가슴이 두근거려요. (그링거, 16세)
- 가능한 한 많이 섭취해요. (테일러, 14세)
- 하루를 견디기 위해 아침마다 커피를 마셔요. (로셀, 15세)
- 아니요, 카페인은 이를 상하게 해요. (에이미, 15세)
- 네, 할 일이 있으면요. 저는 정말 피곤하거든요. (미셸, 17세)
- 아니요, 카페인은 맛이 없고, 저는 중독되기 싫어요. (엘리자베스, 16세)

대부분의 청소년들은 카페인을 섭취하고 있었고, 그중에 상당수는 다량의 카페인을 복용하고 있었다.

카페인은 스트레스에 시달리는 사람들에게 순간적인 활력을 주고, 에너지를 생성해 준다. 하지만 이건 활동적인 삶에서 얻는 것과 질적으로 다른 가짜 에너지이다. 순간적인 활력은 기분을 고조시키는 약처럼 평소보다 나은 기분을 느끼고 있다는 환상을 갖게 한다. 스트레스로 인해 약간 우울해진 사람은 혈액 속의 카페인 수치가 지속적으로 낮게 유지되므로 평소와 똑같은 기분인 척할 수 있다. 하루에 콜라 네다섯 캔이나 커피 몇 잔이 이런 일을 할 수 있지만, 그것은 스트레스에 대처하는 데 있어서 위험한 방법이다.

카페인이 문제가 되는 이유는 무엇일까? 카페인은 '싸울까, 도망칠까' 상황이 닥칠 때와 비슷한 신체 변화를 유발한다. 카페인을 많이 섭취하면 몸은 신경과민 상태가 된다. 그러면 걱정이 쌓이기 때문에, 사소한 문제라 해도 실제보다 더 심각하게 느껴진다. 조금이라도 카페인을 과다 섭취한다면, 너희는 보이지 않는 호랑이를 곧 어깨 너머로 보게 될 것이다. 카페인을 과도하게 섭취하면 불안감, 초조함, 예민함, 몸 떨림, 불면증 또는 악몽을 겪고, 손과 발이 땀에 젖고, 심장박동은 불규칙해지며, 화장실을 수시로 들락날락거리게 되고, 속이 거북해지며, 과민성 대장 증상, 심한 경우에는 모든 곳을 방방 뛰어다니고 싶은 강한 충동을 느끼게 된다. 강도 높은 스트레스를 받을 때와 카페인 과다 섭취의 증상이 비슷한 것은, 이 두 가지가 매우 유사하기 때문이다. 다량의 카페인을 섭취했을 때, 불안감이 앞으로 있을 수학시험에 대한 걱정이나 친구와 싸운 일에서 비롯된 것인지, 아니면 한 시간 전에 벌컥벌컥 들이켠 넉 잔의 커피에서 비롯된 것인지 알기는 어렵다. 카페인을 섭취하는 것은 조금씩 초조함을 들이켜는 것과 같다.

우리가 조사했던 학생들은 카페인의 또 다른 부작용으로 두통을 호소했다. 혈압 혹은 머리와 얼굴의 팽팽한 근육에서 오는 두통은 과도한 스트레스 때문일 때가 많다. 몸이 지나친 카페인 섭취에 익숙해져 있을 때, 소량의 카페인만 섭취해도 두통이 올 수 있다. 마약처럼 카페인 역시 중독성이 있다. 평소와 같은 효과를 얻기 위해서 점점 더 많이 섭취해야 하고, 섭취를 중단하면 금단현상을 느끼게 된다.

체격과 화학 작용의 개인차에 따라, 하루에 200~400밀리그램으로 카페인에 중독될 수 있다. 콜라(혹은 카페인이 든 다른 음료) 네 캔이나 커피 네

잔이 함유한 카페인 양이다.

카페인 중독자인지 아닌지 어떻게 알 수 있을까? 카페인이 함유된 음료나 커피 없이 며칠 지내보자. 커피나 콜라를 마셔야 투통이 가라앉는다면 카페인에 중독된 것이다. 카페인 중독은 쉽게 치료할 수 있다. 며칠 동안은 정말 괴롭겠지만 카페인이 함유된 커피나 콜라로 달려가지 않으면 금단증상에서 비롯된 두통이 사라질 것이다. 잘 팔리는 두통약이 카페인을 함유하고 있다는 것은 놀라운 일이다. 그런 두통약은 순간적으로 고통을 덜어주겠지만, 그동안에 카페인 중독은 심해지고 있을 것이다. 이상하게 들리겠지만 진실이고, 게다가 합법적으로 일어나는 일이다.

설탕코스터 타기

너희가 인생의 호랑이와 씨름하고 있다면, 카페인은 좋지 않은 친구이다. 그러나 카페인에는 아주 친한 친구들이 있고, 그들은 함께 다닐 때가 많다.

설탕의 다른 이름인 포도당, 자당, 과당은 단맛이 난다. 어떤 당이든지 감정을 동요시킨다. 설탕을 섭취하면 너희는 걸핏하면 킬킬대고 웃거나, 닭처럼 졸게 된다. 가공된 당은 화학적으로 매우 강력하기 때문에 순식간에 몸으로 흡수된다. 그러면 우울하고 지루한 기분이 사라지고, 갑자기 인생이 밝게 느껴지며 기분이 좋아진다. 그래야 한 시간 정도다.

설탕을 많이 섭취할 때 몸에서는 어떤 일이 일어날까? 혈당이 급격히 상승하고, 췌장이 놀란다. 보통때 췌장은 평온하고, 안정되어 있다. 췌장은 혈액 속의 설탕을 정상적인 수준으로 유지시키는 일을 한다. 따라서 갑작스럽게 유입된 엄청난 양의 설탕은 췌장에 경보를 울리고, 흥분시킨다. 너희가 설탕으로부터 에너지를 얻고 있을 동안 췌장은 과도한 당을 추출해서 간으로 보내기 위해 최고 속도로 인슐린을 분비한다.

췌장은 흥분된 상태에서 혈액 속의 당을 보통 수준으로 맞추려고 하기 때문에, 과도하게 인슐린을 분비해서 너무 많은 혈당을 제거한다. 때문에 어느새 너희는 책상에 코를 박게 된다. 잠이 몰려 오고, 심술궂어지고, 곧 자판기가 복도에서부터 너희를 부를 것이다.

너희는 지금 막 설탕코스터의 맨 앞자리에 앉아서 안전벨트를 채웠다. 올라가고(설탕이 쏟아짐) 내려가고(설탕이 줄어듦), 올라가고(설탕이 쏟아짐) 내려가고(설탕이 줄어듦) 설탕코스터는 계속 움직인다. 문제는 하강할 때마다 전에 비해 그 강도가 더 강해진다는 것이다. 설탕코스터에서의 하루가 끝날 때쯤이면 너희는 완전히 녹초가 된다. 그리고 그때 카페인을 섭취하면 피로가 풀릴 거라고 생각하겠지.

다량의 설탕과 카페인을 함께 복용하면 육체적, 감정적 혼란을 겪게 된다. 앞의 설명을 통해 카페인에 대해서는 이미 알고 있겠지? 그렇다면 콜라 한 캔이 샌드위치 포장 용기 반 정도 되는 양의 농축 백설탕을 함유하고 있다는 사실은 알고 있을까? 이것은 설탕이 카페인과 더불어 설탕코스터에서 격렬하게 올라가고 급격하게 내려가는 현상을 유발한다는 것을 의미한다.

설탕이라는 화학물질은 사람의 기분을 북돋아준 후에 급격히 우울한 상태로 떨어뜨린다. 그동안에 카페인은 두통을 유발하고, 문제를 악화시키는 거짓 에너지를 제공한다.

미국인의 1년 평균 설탕 섭취량은 얼마나 될까? 128파운드(약 58kg)이다. (한국인의 평균 설탕 섭취량은 미국인의 절반 정도이다.)

> 설탕은 풋사랑과 같아서 처음에는 달지만 곧 이를 썩게 한다.
>
> -스콧 니켈바인, The Low-Cost No-Fuss All-Natural Food Guide for Students (and Other Desperate People)

'지금의 문화적 상황에서는 기분이 좋아지게 하려고 화학물질을 이용하는 것쯤은 아무 문제 없는 것처럼 여겨진다. 언제라도 TV에서 볼 수 있는 일이니까. 또한 카페인과 설탕은 주위에 널려 있고, 아무런 문제가 없는 것처럼 제조된 것 같기에 카페인과 설탕을 섭취하지 않기란 참 어렵다. 그러나 이런 화학물질을 사용하는 데 치러야 할 대가는 막대하다. 카페인과 설탕을 식단에서 없애는 것은 하나의 도전이지만 불가능한 일도 아니고, 노력할 만한 가치가 충분한 일이다.

만일 설탕과 카페인 섭취를 멈출 수 없다면 섭취량만이라도 줄여보자. 그렇게 한다면 너희는 육체적으로 정신적으로 안정을 찾게 되고, 호랑이와 싸우기 위한 준비를 갖출 수 있을 것이다.

다음은 설탕과 카페인을 줄이는 데 도움을 주는 몇 가지 제안들이다.

- 늦게까지 공부해야 한다면 피를 뇌로 흐르게 하기 위해 잠깐 동안 운동을 해보자. 제자리 뛰기나 팔 벌려 뛰기 같은 것으로. 커피나 콜라의 맛을 좋아한다면 카페인이 함유되지 않은 것을 마셔보자.
- 단것이 먹고 싶다면 과일을 먹자. 사과에는 복합적이고, 가공되지 않은 당이 들어 있기 때문에 설탕코스터를 타게 하지 않는다. 몸은 오랫동안 점차적으로 감정을 고조시키기 위해 사과의 당을 천천히 분해한다.

기운을 북돋우기 위해 오래된 습관을 버리고, 새로운 방법을 찾기란 쉽지 않다. 그러나 얼마 안 있어 너희는 육체적으로 건강해질 것이고, 변해가는 자신의 모습을 좋아하게 될 것이다.

푸른 야채와 자존감

상추가 우리를 더 나은 사람으로 만들 수 있을까? 당근이 우리에게 용기를 줄 수 있을까? 믿기 어렵겠지만 상추와 당근이 자존감에 주는 영향 때문에 이 질문에 대한 대답은 '당근'이다.

모든 것은 습관과 관련이 있다. 우리 개개인은 '일상'이라고 불리는 습관의 집합체에 지배받고 있다. 우리가 매일 반복하는 습관의 집합체는 우리가 의식적으로 다른 것을 하고자 할지라도 원래의 행동을 밀고 나가는 추진력을 가지고 있다. 마치 거대한 유람선과 같다. 유람선이 움직이고 속도가 붙기 시작하면, 속도를 낮추고 방향을 바꾸는 데에는 오랜 시간이 걸리지 않는가. 선장은 이런 어려움을 알고 있어서, 재빨리 배를 멈추려 하거나 방향을 바꾸려고 하지 않는다. 그러나 우리는 습관의 위력을 잊을 때가 많다. 너무 빠르게 생활에 변화를 주려고 하면, 습관의 추진력은 계속 원래 행동을 유지하려 하기 때문에 우리를 좌절시킨다.

살을 빼거나, 운동을 시작하거나, 숙제를 일찍 끝마치거나, 금연을 하거나, 손톱을 물어뜯는 습관을 멈추려고 해본 적이 있다면, 그것이 얼마나 힘든 일인지 알고 있을 것이다. 변화를 주려고 결심했던 일들을 이루어내지 못하면 자존감은 파괴될 수 있다.

자, 다시 푸른 야채 이야기로 돌아가자. 가끔씩 상추나 당근 등 몸에 좋은 음식을 섭취하는 것은 너희 스스로를 조금씩 발전시킨다. 올바른 식습관을 가지고 규칙적으로 운동을 한다면, 스스로에게(혹은 너희 얘기를 들어줄 사람들에게) "나는 스스로를 위해 노력하고 있고, 더 멋지고 건강한 사람이 되려는 중이야"라고 말할 수 있다. 자존감을 세우는 데 이렇게 훌륭하고 간단한 방법이 있을까?

성공하는 것은 평화로운 일이다.

-거트루드 슈트인

습관의 위력을 극복하는 방법은 먼저 작은 변화를 시도하고, 그 변화를 계속 유지하는 것이다. 일주일에 하루는 후식으로 샐러드를 먹는다면, 스스로가 긍정적인 방향으로 변화하고 있다고 생각할 수 있다. 일주일에 하루, 사탕 대신 당근을 먹는 일이 자존감을 높여줄 수 있다. 친구들의 눈에는 너희가 신비롭고 매력적인 사람으로 비춰질 수도 있다.

운동을 통해 신경 에너지를 서서히 줄이고 몸에 축적된 연료를 쓰지 않는다면, 세상은 천천히 가는 것처럼 보일 것이고 덜 위협적으로 느껴질 것이다. 너희 문제들은 전처럼 심각하게 보이지 않을 것이고, 어떤 문제는 사라져 버릴 수도 있다.

그러나 세상은 여전히 도전적인 공간이다. 너희를 건강하게 만드는 인생의 기술을 알아보았지만, 이것이 위기를 극복하고 스트레스에 강한 사람이 되는 데 필요한 기술의 전부는 아니다. 너희는 인생의 커다란 문제들에 직면하게 될 때를 대비해서 평온함을 저축해 놓고 싶을 것이다. 휴식을 취하는 기술을 체득한다면 그렇게 할 수 있다.

태풍의 눈 찾기

누구에게나 인생이 감당해 낼 수 없을 것 같고, 불확실하고, 불안정해 보이는 순간들이 있다. 이런 순간에 우리는 혼자인 것 같고, 저 멀리 외딴 바다에서 태풍을 만난 것과 같다. 감정의 파도에 동요되고, 해야 할 모든 일과 다른 사람의 기분과 의견에 시달리게 된다. 이런 순간을 견뎌낼 수 있을지, 빈약한 체격으로 폭풍을 견딜 수 있을지 확신이 없어진다.

이런 경우에 대비해 또 다른 중요한 기술이 필요하다. 이 기술은 태풍의 눈을 찾아준다. 태풍의 눈이란 격동과 혼란의 한가운데에서 고요하고, 해가 비치는 날씨 좋은 곳이다. 휴식의 기술은 너희를 그곳으로 인도할 수 있다. 황폐해진 마음을 진정시키고, 신체에 영양을 공급하며, 조용하고 깊은 휴식을 주는 평온을 얻게 한다. 이 기술을 규칙적으로 실천한다면, 너희는 다가오는 스트레스의 태풍을 감지할 때 재빨리 조용한 장소로 가는 방법을 알 수 있을 것이다.

휴식의 기술은 생존의 기술인 동시에 잠재력을 최대한 발휘하고, 뇌를 최고의 상태로 유지하는 데에 필수적이다. 휴식하지 않는 것은 두 팔로 계속 의자를 들고 있는 것과 같다. 결국 유연함을 잃고, 너무 피곤해서 글쓰기, 이 닦기, 손을 흔들어 인사하는 것 같은 간단한 일상조차 귀찮을 것이다. 휴식하지 않으면 뇌는 기능을 멈춘다. 올바르게 생각하고 집중하는 능력을 잃게 되고, 창조적인 아이디어를 잘 떠올릴 수 없다.

> 휴식은 아무것도 하지 않는 것이 아니다. 휴식은
> 회복하는 것이다.
>
> -다니엘 W. 조셀린

선택할 수 있는 운동의 종류가 많듯이 휴식의 기술에도 여러 종류가 있다. 이들은 세 가지 공통된 특징이 있다.

❶ 휴식의 기술 또한 기술이기 때문에 배우고, 연습해야 한다. 처음에는 잘하지 못할 수도 있으므로 인내심을 가져야 한다.

❷ 휴식의 기술은 신체적·정신적으로 눈에 띄는, 긍정적인 변화를 불러온다.

❸ 휴식의 기술은 마음속에서 끊임없이 흘러나오는 생각 외에 다른 중요한 일에 주의를 집중할 수 있게 한다.

기본적으로 휴식은 아무것도 하지 않는 것인데, 사람들은 이것을 힘들어한다. 휴식의 목적은 정신적으로 깨어 있지만 중립적으로 초점을 유지하고, 신체적으로는 고요한 상태로 있는 것이다. 다음 단어들은 이 상태를 이해하는 데에 도움이 될 것이다.

• 자기 관리하의 고요함

- 수동적인 주의력

- 긍정적인 초연함

- 집중된 휴식

사람들이 '쉬는 것'이라고 생각하는 몇몇 행동은 기분이 나아지는 것처럼 느껴질 수 있지만, 사실은 스트레스 요인들을 기분 좋은 방식으로 회피하는 대처 행동일 뿐이다. 진짜 편히 쉬는 것은 자기 관리하의 휴식을 제공하고, 긍정적인 정신적 초연함을 얻을 수 있는 능력을 강화시킨다.

이제 청소년들이 쉴 때 하는 행동들을 이야기해 보겠다. 진짜 휴식을 하는 기술과 대처하는 기술 그리고 전혀 도움이 안 되는 행동 등을 구별할 수 있는지 살펴보자. 구분한 항목에 다음의 문자를 각각 붙여보자.

- 'C'는 대처이다.

- 'R'은 휴식이다.

- 'N'은 아무 도움도 되지 않는 행동이다.

해답은 문제 아래 부분에 있다.

❶ TV 시청

❷ 걷기

❸ 아무것도 녹음되지 않은 MP3 파일 듣기

❹ 낮잠 자기

❺ 먹기

❻ 피아노 치기

❼ 숨 쉬는 것에 집중하기

❽ 독서

❾ 침대에 누워 공상에 잠기기

❿ 커피 마시기

⓫ 부드럽고 느린 음악 듣기

⓬ 숙제하기

⓭ 부위별 근육을 차례로 이완시키기

⓮ 친구와 전화 통화하기

⓯ 명상하기

⓰ 쿠키 굽기

해답: ❶ C ❷ C ❸ R ❹ C ❺ C ❻ C ❼ R ❽ C ❾ C ❿ N
⓫ C ⓬ C ⓭ C ⓮ C ⓯ R ⓰ C

너희가 휴식의 기술이라고 생각하고 있던 것 중에 실제로는 대처 행동이 거나 아무 도움도 되지 않는 행동이 있을까?

- TV 시청은 TV를 보는 동안 뇌가 바쁘게 움직이고, 정신적 초점은 중립적이지 않기 때문에 휴식의 기술이 아니다. 이 동안에는 TV가 책임자 역할을 한다.

- 잠은 통제된 상태가 아니고, 잠잘 때는 정신이 기민한 상태가 아니기 때문에 잠자는 것은 휴식의 기술이 아니다. 또한 꿈(특히 악몽)은 신체적·정신적 스트레스를 유발할 수 있다.
- 책을 읽을 때 뇌는 바쁘게 활동하고, 초점은 책에 있으므로 독서는 휴식의 기술이 아니다.
- 커피 마시기는 휴식의 기술이 아니다.

TV 보기, 낮잠 자기, 독서는 유쾌한 기분 전환일 수 있지만 휴식의 기술은 아니다. 진짜 휴식은 평온하고, 기민하면서도 중립적인 정신적 초점을 유지시켜 준다. 대처 행동은 걱정과 긴장으로부터 숨거나 주의를 딴 데로 돌리게 하기 때문에 짧은 시간 기분이 좋아지게 만든다. 그러나 진짜 휴식은 깊은 육체적 휴식과 정신적 평온을 가져오면서 너희를 태풍의 눈으로 데려간다. 휴식의 기술을 연습하면 할수록 스트레스를 받는 상황에서 더욱 평온함을 유지할 수 있게 된다.

앞의 목록에서 진짜 휴식의 기술은 아무것도 녹음되지 않은 MP3 파일 듣기, 숨 쉬는 것에 집중하기, 명상하기이다. 이것은 중립적인 정신적 초점을 유지하며 안정적으로 아무것도 하지 않는 것이다.

휴식의 기술을 익히는 데에는 어떤 전략도 있을 수 없을 뿐만 아니라 많은 연습이 필요하다. 아무것도 하지 않는 것은 누구에게든지 쉽지 않은 일이다. 하지만 평온하고 위기에서 금세 회복되는 능력은, 아무것도 하지 않는 매우 간단한 행동을 연습하는 데 투자한 시간과 정확하게 비례할 것이다. 다음은 지금 당장 해볼 수 있는 두 가지 방법이다.

깊게 숨쉬기

몸과 마음은 함께 움직인다. 생각과 감정은 몸 상태에 영향을 미친다. 몸 상태는 태도와 기분에 영향을 준다. 초조하거나, 흥분되어 있거나, 화가 났을 때는 호흡이 빨라지고, 짧고 얕은 숨을 쉬며, 가슴이 오르락내리락 할 것이다. 차분하고 안정되어 있다면 호흡은 천천히 깊고 규칙적으로 된다. 느리고 깊고 고른 호흡은 마음이 평화롭다는 증거이다.

평온한 정신 상태에 도달하기 위해 의식적으로 호흡을 조절하는 것은 스트레스 상황에서도 가능한 일이다. 다음을 통해 호흡하는 방법을 배울 수 있다. 혼자 할 수 있을 정도가 되기 전까지는 너희가 믿고 있는 누군가에게 아래의 호흡법을 읽어달라고 해도 된다. 자기 목소리로 다음의 호흡법을 녹음해도 된다. 그런 경우 녹음한 파일은 호흡 시간을 재주는 타이머로 쓰일 수 있을 것이다.

🐾 준비물

- 드러눕거나, 깔고 앉을 편안한 방석을 찾는다.
- 꽉 끼는 벨트나 옷은 느슨하게 푼다.
- 엉덩이와 다리의 긴장이 풀릴 수 있게 똑바로 눕거나 편안하게 앉는다.
- 눈을 감고 지시에 따를 준비를 한다.

단전호흡

입을 다물고 코로 숨을 세 번 깊게 들이마시고 내쉰다. 오른손을 배꼽 윗부분에 올리고, 왼손은 가슴 위에 올린다. 아직은 호흡을 조절하려고 시도하지 마라. 그냥 몸의 어느 부분에서 호흡이 이루어지고 있는지를 느낀다. 가슴으로 길고, 느리고, 깊은 숨을 들이마신다. 가슴 위에 있는 왼손은 위로 올라가야 하고, 오른손은 그대로 있어야 한다.

가슴에 숨이 가득 찬 상태로 잠시 멈춘 후에 코로 숨을 천천히 내뱉는다. 어떤 근육이 사용되고 있는지와 멈추었을 때의 공기가 꽉 찬 느낌, 느리고 조절된 공기가 내뿜어지면서 오는 이완감을 느낀다.

이와 같은 '가슴으로 숨쉬기'를 세 번 반복한다.
숨을 들이마시고…… 멈추고…… 내뱉는다.
숨을 들이마시고…… 멈추고…… 내뱉는다.
숨을 들이마시고…… 멈추고…… 내뱉는다.

이제 잠깐 쉬자. 호흡 조절을 멈추고, 호흡이 원래의 리듬과 위치를 찾게 해보자.

이제는 배로 길고, 느리고, 깊은 숨을 들이마신다. 배 위에 있는 오른손은 올라가야 하고, 왼손은 그대로 있어야 한다. 처음에는 불편하게 느껴질 수도 있지만 참아보자.

이와 같은 '배로 숨쉬기'를 세 번 반복한다.

숨을 들이마시고…… 멈추고…… 내뱉는다.

숨을 들이마시고…… 멈추고…… 내뱉는다.

숨을 들이마시고…… 멈추고…… 내뱉는다.

다시 휴식을 갖고 호흡이 원래대로 돌아오게 하자.

자, 손을 그대로 두고 숨 쉬는 동작을 느리고, 지속적으로 네 박자에 맞춰 보자.

- •하나를 세고, 배로 숨을 들이마신다. 오른손은 올라간다. 잠시 멈춘다.
- •둘을 세고, 가슴으로 숨을 들이마신다. 왼손은 올라간다. 잠시 멈춘다.
- •셋을 세고, 아랫배(단전)에서부터 조금씩 숨을 토해내기 시작하고, 오른손 을 내린다. 잠시 멈춘다.
- •넷을 세고, 천천히 가슴에 남아 있던 공기를 밖으로 내보내고, 왼손을 내 린다.

숨을 완전히 다 토해낸 후, 다시 반복하기 전에 잠시 숨을 멈춘다. 위의 숨쉬기 과정을 2~3분 정도 천천히, 리드미컬하게 반복한다. 가슴으로 숨 쉬기와 아랫배로 숨쉬기를 꼭 번갈아 한다. 이 과정을 끝낸 후, 일어나기 전에 호흡이 평상시대로 돌아올 수 있도록 잠깐 동안 기다린다.

편안함을 느낄 때까지 위의 과정을 3~4번 정도 반복한다. 이제부터 너희는 이 네 박자 과정을 스트레스를 감소시켜 주는 호흡법으로 사용할 수 있다.

숨쉬기에 집중하는 게 처음에는 낯설 수 있다. 그러나 결국 너희는 이 간단한 운동에서 얻을 수 있는 평온한 상태를 좋아하게 될 것이다. 익숙해지면(익숙해지기까지 시간이 걸린다) 시간을 늘려보자. 5~10분 정도로 스톱워치를 맞추어 놓는다면, 시간에 대한 생각은 하지 않아도 된다.

연습을 할수록, 숨쉬기는 자연스럽고 편안해질 것이다. 이제 평온한 태풍의 눈에 들어가고 싶을 때면 언제든지 이 기술을 쓸 수 있다.

> 서두르지 않으려는 결심보다 더 좋은 것은 없다.
>
> -헨리 데이비드 소로우

명상

심장이 끊임없이 자동적으로 뛰는 것처럼 날마다 마음도 끊임없이 생각의 흐름을 만든다. 믿지 못하겠으면, 생각을 멈춰보자. 이 책을 잠시 내려놓고, 눈을 감고, 뇌의 스위치를 내리자. 생각을 멈추자. 당장 지금!

할 수 있나? 아마도 못할 것이다. 뇌는 매우 유능한 생각하는 기계이다. 뇌에 조용한 공간을 만들어내려고 노력할 때도 생각은 의식 안으로 살금 살금 들어온다. 생각은 두려움, 걱정, 근심을 모두 포함하기 때문에 너희 자신이 스스로에게 최악의 스트레스 요인이 될 수 있다. 하지만 생각의 흐름을 통제하지 못한다 하더라도 기술적으로 주의를 다른 곳에 집중함으로써 스트레스를 덜 수 있다.

만일 누군가가 너희에게 오른발 밑으로 주의를 돌리라고 한다면, 너희는 순식에 오른발 밑에서 무슨 일이 일어나고 있는지 알게 될 것이다. 우리는 매우 쉽게 주의를 돌릴 수 있지만, 모든 휴식의 기술 중에서 정신적 초점을 중립적으로 바꾸는 법을 배우는 일은 가장 중요하다. 또한 이것은 대부분의 명상 활동의 중심적 행위이다. 다음 지시들은 너희가 생각하는 기계에서 분리되어 나오는 기술을 배우는 데 도움을 줄 것이다.

🐾 준비 자세

- 빈 벽을 찾는다.

- 결가부좌나 책상다리로 앉는다.

- 손은 무릎에 포개거나 손바닥이 아래로 향하게 해서 허벅지 위에 올린다.

- 고개를 올린 상태로 유지하고, 목이 수직이 되게 턱을 조금 끌어당긴다.

- 눈을 뜬 상태로 유지시키고, 45도 각도로 아래쪽을 바라보자. 고개를 비스
  듬하게 하지 말고, 그냥 눈으로 아래쪽을 바라보자.

이런 기본적인 자세에 익숙해지면, 너희는 다음 지시를 따를 준비가 된 것이다. 지시를 따르는 동안 그것을 읽어줄 사람이 필요할 것이다. 깊게 숨쉬는 것처럼 명상도 연습이 필요하다. 하지만 명상은 더 쉽게 익숙해질거다.

명상법

꼭 기억해야 할 세 가지 중요한 규칙이 있다.

❶ 호흡을 조절하지 않는다. 자연스럽게 놔두어라.

❷ 움직이지 않는다. 명상하는 동안 몸을 움직이지 않아야 한다. 몸을 제멋대
  로 놔두면 산만해진다.

❸ 명상 시간이 끝나기 전에 멈추지 않는다. 시작하기 전에 얼마 동안 명상할
  지 결정해라. 처음에는 5~8분으로 충분하다. 나중에는 20~30분으로 늘
  릴 수도 있다. 스톱워치를 사용하면 시계를 계속 볼 필요가 없기 때문에 도

움이 된다. 원한다면 1분을 목표로 하고 시작해라. 하지만 1분이 되기 전에 멈추어선 안 된다.

마음이 편안하고 준비가 되었으면, 이제는 호흡에 주의를 집중해라. 입을 다물고 숨을 들이마실 때 조용하게 하나를 세고, 숨을 내뱉을 때 둘을 세고, 다시 숨을 들이마실 때 셋을 세고, 내뱉을 때 넷을 세어라. 이렇게 열까지 세자. 열을 다 세면 다시 하나부터 시작한다. 어떤 식으로든 호흡을 조절해선 안 된다. 그냥 계속 호흡을 하고, 조용하게 숨을 들이마시고 내쉰다.

숨을 쉬고, 숫자를 세어라. 할 수 있다. 그렇지? 이런 간단한 동작은 생각보다 훨씬 힘들 수 있다. 명상을 시작하는 순간(스케줄의 첫 번째로 명상을 한다고 가정하고) 모든 장애물과 마주치는 것과 같다. 장애물은 스트레스에 시달리는 자신과 더욱 평화로운 사람이 되기 위한 잠재력 사이에 존재하는 방벽을 의미한다.

장애물 1_반항적인 마음
무슨 일이 일어나고 있는 거지?
마음은 주의를 집중하려는 너희 시도를 반갑게 생각하지 않을 것이다. 마음은 책임자 역할을 해왔고, 버스를 운전하고, 가고 싶은 곳에 가며, 일을 생각하고, 걱정하고, 계획하느라 계속 바쁜 상태였다. 너희가 호흡을 세는 데서 오는 안락함에 정착하려 하면, 마음은 생각해야만 하는 문제들을

109 | 인생의 기술

떠올리려 할 것이다. 너희가 이것을 알아채기 전에 '생각하는 기계'는 책임자의 역할로 돌아올 것이다.

마음과 분리되어 있는 상태에 익숙해질수록 마음은 주의를 다른 데로 돌리기 위한 더욱 미묘하고 교묘한 방법을 찾아낼 것이다. 너희는 갑자기 해야 할 일들을 떠올리게 될 것이다. 흥미롭고 창조적인 생각이 떠오를 것이다. 낭만적인 생각과 우스운 생각부터 심지어는 오래되고 익숙한 두려움과 걱정까지 살며시 떠오를 것이다.

무엇을 해야 할까?

주의가 산만해지는 것을 깨닫는 순간 다시 호흡에 초점을 맞추어라. '하나'부터 시작해서 다시 호흡을 세자. 처음에는 숫자를 세다가 다시 처음으로 여러 번 돌아가야 할 것이다. 절대 '열'까지 세지 못할 수도 있다. 하지만 결국 너희는 생각하는 기계가 만드는 지속적인 생각의 흐름으로부터 독립된 상태로 있는 법을 배우게 될 것이다. 최고의 기술은 생각과 싸우는 것이 아니라 여름 하늘에 반쯤 보이는 구름처럼 생각들을 흘러가게 그대로 두는 것이다.

장애물 2_반항적인 몸

무슨 일이 일어나고 있는 거지?

몸은 깨어 있는 동안 장시간 가만히 있는 것에 익숙하지 않다. 그래서 마음처럼 몸도 주의를 딴 데로 돌리려고 최선을 다할 것이다. 명상을 위해 앉아 있는 동안 몸의 어떤 부분은 움직일 것을 요구할 것이고, 다른 부분은 실룩실룩 움직이고 싶거나 따끔따끔하며 간지러울 수 있다. 작은 육체적 불편함은 견딜 수 없는 고통이라도 되는 양 너희를 위협할 것이다. 가려움은 갑자기 온몸으로 퍼질 것이다. 배고픔, 목마름, 수심에 초점을 맞추도록 스스로를 내버려둔다면, 그것들은 큰 문제가 될 수 있다. 주의를 산만하게 하려는 몸의 잠재력에는 한계가 없다.

무엇을 해야 할까?

'하나'부터 시작해서 다시 호흡을 세자. 몸에 의해 주의가 산만해지는 것을 깨닫는 순간, 주의를 다시 숨 쉬는 데로 돌리고, 호흡을 세는 것에 집중해라. 몸과 마음은 서로 영향을 준다는 것을 기억하자. 몸에서 비롯되는 모든 주의 산만 증상들은 가만히 있지 못하는 마음에서 오는 표현이다. 육체적 감각이 아무리 위압적으로 보이더라도 거기에 주의를 기울이지 않으면 사라질 것이다. 데이트할 때 남자나 여자가 30분 동안 가만히 앉아만 있다고 해서, 그 누구도 심각한 병에 걸린 것이 아니라는 것은 누구나 안다. 5분은 그보다 훨씬 짧은 시간이다.

장애물 3_세상

무슨 일이 일어나고 있는 거지?

어찌된 일인지 세상은 너희가 앉아서 명상하려고 하는 순간을 아는 것처럼 보인다. 때때로 사람들은 명상을 힘들게 만들려고 조직을 결성한 것 같다. 친구가 잠깐 들르거나 전화를 하고, 사람들은 문을 두드리며, 어린 동생은 너희 방으로 돌격하고, 이웃은 그 순간에 대청소를 하거나 음악을 요란하게 튼다.

무엇을 해야 할까?

'하나'로 돌아가서 다시 호흡을 세자. 주변 환경에 의해 주의가 산만해지고 있다는 것을 깨닫는 순간, 다시 숨 쉬고, 호흡을 세는 것에 집중해라. 수도원이나 수녀원에 가지 않는 이상, 세상으로부터 완전한 고요함이나 방음을 찾는 것은 불가능하다. (수도원이나 수녀원에도 귀뚜라미나 삐걱거리는 경첩이 있다.) 주의를 산만하게 하는 요소들로부터 분리되는 방법을 배우는 것은 명상 연습에서 얻는 중요한 소득이다.

방해받지 않을 만한 시간을 선택하는 게 좋다. 저녁식사 5분 전에 명상을 시작하지 마라. 사람이 많이 다니는 장소가 아닌 집의 구석이나 되도록이면 문을 닫을 수 있는 방과 같은 장소를 선택하는 게 좋다. '방해하지 말 것!'과 같은 표시를 만들어서 방문에 걸어둘 수도 있다. 주위 사람들이 이해해 줄 거라고 생각한다면, 그들에게 너희가 무엇을 하고 있는지 말할 수도 있다. 가만히 앉아서 빈 벽을 응시하고 있는 청소년을 보는 것은, 사람들이 그 이유를 모른다면, 화가 나는 일일 수 있다.

> 때때로 나는 앉아서 생각하고, 때때로 나는 그냥 앉아 있다.
>
> -무명씨

휴식의 기술을 연습하는 좋은 이유

휴식의 기술에 정통하게 되었다고 가정해 보자. 너희는 이 기술에 무척 능통해서 숨 쉬는 것에 초점을 맞춤으로써 스스로를 젤리처럼 만들 수도 있다. 학교에서 음식 전쟁이 일어나는 가운데서도 조용하게 앉아 평온함을 유지할 수 있다. 그래서 어떻다는 거지? 편히 쉴 수 있는 능력이 스트레스를 덜어주거나, 기대 이상의 꿈을 실현시켜 줄 수 있다는 건가? 아마도 아닐 것이다. 그러나 휴식의 기술은 이런 많은 이익을 준다. 휴식의 기술이 주는 이점은 아래 목록보다 훨씬 많다.

❶ 휴식의 기술은 미칠 것 같고, 걱정스럽고, 불안정한 감정을 누그러뜨리는

데 도움을 줄 것이다.

❷ 휴식의 기술은 삶의 스트레스와 긴장으로부터 몸과 마음이 휴식하고, 회복할 수 있는 기회를 줄 것이다.

❸ 휴식의 기술은 스트레스에 시달리고, 감당할 수 있는 한계에 도달했을 때 스스로를 고요한 태풍의 눈 한가운데 있게 하는 데에 도움을 줄 것이다.

❹ 휴식의 기술은 스스로를 돌보기 위한 긍정적인 행동이기 때문에 자신을 긍정적으로 생각하는 데에 도움을 줄 수 있다.

편안해지는 법과 몸과 마음을 분리시키는 법은 모두 배워야 하는 기술이란 걸 기억해라. 기술에 능숙해지려면 시간과 연습이 필요하다. 연습할 때마다 너희는 고요한 태풍의 눈에 더 가까워지면서, 작지만 긍정적인 변화를 만들 것이다. 스스로에게 인내심을 가져라. 너희가 무언가를 창조하기 위해 배우고 있는, 마음을 가라앉히는 고요함을 즐겨보자.

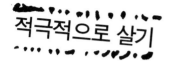 적극적으로 살기

지금까지 우리는 '나 자신'을 더 잘 돌보아주기 위해 '내'가 할 수 있는 일들에 대해 이야기해 보았다. 하지만 너희가 날마다 짊어지고 사는 스트레스의 양을 줄일 수 있는 삶의 기술이 또 있다. 이 기술은 다른 사람들과의 '관계'와 밀접한 연관이 있다.

가끔 부모님, 선생님, 친구들 혹은 전반적으로 세상 돌아가는 일 때문에 기운 빠진다고 느낄 때가 있지 않나? 너희 욕구, 의견, 감정이 중요치 않아 보인다고 느껴질 때도 있지 않나? 바로 '나 자신'이 하찮아 보이는 때 말이다. 만일 그렇다면, 너희만 그런 건 아니란다.

학교는 인신 공격의 시험장이다.

-폴리 18세

청소년들이 기운 빠진다고 느끼는 데는 3가지 기본적인 이유가 있다.

• 청소년에게는 힘(권력)이 별로 없다. 젊은이들은 나이, 육체적 능력, 돈, 권위는 물론이고 경험도 부족한데, 이런 것을 갖춘 사람들은 더 많은 힘을 갖

고 있다. 그게 현실이다.

- 삶은 공정하지 않다. 학교 규칙, 선생님, 친구, 가족들도 어떤 때는 공정하지 않다. 의도적이든 아니든, 어떤 사람들은 자기가 가진 권력을 통해 다른 사람 위에 군림하고, 권력을 남용한다. 이런 건 멋지지도 않고, 재미있지도 않고, 무척 좌절스러운 상황이지만, 사실이 그렇다.

- 청소년들은 대부분, 주제넘게 참견하는 사람들이나 불공정한 상황에 맞서 자신을 방어하는 기술이 부족하다.

살아가면서 자신이 위협받고 있다거나, 약자라고 느끼는 상황이나, 그렇게 느끼게 하는 사람들과 만나는 일에 대비해 스스로 계획을 세울 수 있다. 자신을 보호하는 방법, 소리 높여 주장하는 방법, 감정을 건설적인 방향으로 표현하는 방법 등을 배우지 못하면 부당한 대우를 받거나, 이용당하거나, 스스로가 하찮게 생각될 것이다.

스스로 변호하는 데 얼마나 능숙한가 볼까? 짧은 퀴즈를 통해 살펴보자. 질문에 대해 그렇다면 '예'로, 아니라면 '아니오'로 답해 보자.

❶ 선생님이 불공평하게 대할 때, 항의할까?

❷ 친구가 만날 때마다 습관적으로 늦는다면, 그 일에 대해 얘기할까?

❸ 점심을 먹기 위해서 혹은 영화를 보기 위해서 줄을 서 있는데 네 앞으로 누가 새치기하면, 큰 소리로 항의할까?

❹ 너를 곤란하게 하는 사람 앞에서 용기를 내 똑바로 면전에 대고 얘기할까?

❺ 누가 돈을 빌려가면, 돌려달라고 얘기할까?

❻ 친구에게 문제가 생기면, 자신의 감정을 표현하며 친구와 같은 편이 되어
줄 수 있을까?

❼ 수업중 선생님이 실수를 하면, 거슬리지 않는 방식으로 그것을 지적할 수
있을까?

❽ 친구들 모두가 뭔가를 하고 싶어 하는데 너만 생각이 다르다면, 그걸 표현
할 수 있을까?

❾ 가족들이 뭔가 결정하려고 하는 것이 마음에 들지 않을 때 의견을 내놓을
수 있을까?

❿ 가족들이 자유를 억압하려고 하면, 공격적인 행동을 하거나 자기 연민에
빠져 짜증을 내지 않고 토론할 수 있을까?

서너 개 이상 '아니오'라고 대답했다면, 적극성의 기술이 부족한 상태라
할 수 있다.

사람들 대부분은 억압적이거나 요구가 지나친 상황에서 다음 세 가지 방
식 중 한 가지로 반응한다. ① 수동적으로 반응하기, ② 공격적으로 반응
하기, ③ 수동-공격적으로 반응하기. 이 모든 반응양식에는 결과가 따른
다. 적극적인 반응양식에 대해 알아보기 전에, 너희 권리가 침해당할 때
의 세 가지 일반적인 방식을 한번 살펴보도록 하자. 어떤 쪽이 친숙하게
들리는지 한번 보자.

수동적 반응양식

수동적인 사람들은 골치 아픈 일을 꺼린다. 수동적인 사람들은 모두가 행복하고, 모든 것이 멋지기만 하고, 세상에 분쟁이 없는 것처럼 보이기를 바란다. 이런 유의 사람들은 좀 옆으로 가달라고 말을 해서 누군가를 언짢게 하는 것보다는 그 사람을 자기 발등에 올려놓고 걷게 하는 편을 택한다. 그 결과, 수동적인 사람들은 침묵 속에서 괴로워하고, 자기 욕구는 만족시키지 못해 절망하고 낙담한다. 결국은 마음에 상처를 입고, 오해받고, 압박받고, 마음 깊은 곳에서는 분노한다. 말하고 행동하고 느끼는 것을 봐도, 심지어는 외모를 봐도 희생양 같기만 하다. 수동적 반응의 예를 몇 가지 보겠다.

1

좋은 성적을 얻길 바라지만, 학기마다 주는 A는 '아무리 해봤자' 몇 개밖에 안된다. 이런 시스템이 얼마나 불합리한가를 이야기하기보다는, 몇 개 안되는 A를 얻기 위해 있는 힘껏 공부한다. 교실에 들어설 때마다 속는 기분이 들고, 안절부절못한다.

2

방과 후에 반복적으로 육체적 폭력을 가하며 위협하는 사람이 있다. 이런 상황을 타개하기 위해 도움이나 지원을 요청하기보다는, 참고 날마다 공포 속에 살아간다.

❸

친구가 네가 가장 좋아하는 스웨터를 파티에 입고 간다며 빌렸는데, 이제는 정말로 돌려받고 싶다. 친구는 그 스웨터를 좀 더 갖고 있어도 되겠냐고 묻는다. "어, 물론이야." 너는 이렇게 대답한다. 몇 주가 지난다. 그 동안 너는 친구를 볼 때마다 화가 나지만, 아무 말도 하지 않는다.

수동적인 사람들은 어떤 일이 일어나든 조용히 참고 지나간다. 자신의 욕구보다는 남들의 욕구에 대해 더 관심을 쏟는 것처럼 보인다. 막상 자신의 감정을 이야기하게 되면, 이런 감정을 갖는 게 얼마나 안 좋은지의 관점에서 이야기한다. 수동적인 사람들은 고통에 익숙하다. 자신을 어떻게 보호해야 하는지 잘 모르기 때문에, 수동적인 사람들은 쉽게 억압, 공격, 학대의 제물이 되곤 한다.

> 이도저도 아닌 입장을 취하는 사람은 악어를 키우는 사람과 같다. 악어가 결국 자기를 잡아먹기를 바라며 말이다.
>
> -윈스턴 처칠

왜 어떤 사람들은 수동적일까?

- 적극적으로 사는 법을 배운 적이 없다. 희생양이 되는 길만 알 뿐이다.
- 자신의 욕구나 감정을 남들에게 알리면, 사람들에게 인정을 받지 못할지도 모른다며 두려워한다.
- 어떻게든 갈등을 피하고, 평화를 유지하고 싶어 한다.
- 수동성을 공손함이나 친절함으로 착각한다.
- 적극성을 공격성이나 뻔뻔함으로 착각한다.
- 인간으로서의 기본 권리에 대해 확신이 없다.

수동성은 스트레스와 자기 존중감의 관점에서 볼 때 비싼 대가를 치러야 하는 성향이다. 수동적인 사람들은 거의 항상 스트레스에 지쳐 떨어진다. 자기를 괴롭히는 사람들과 상황에 맞서 자신을 계속 방어해야 하기 때문이다. 수동적인 사람들은 다른 사람들의 욕구에 지나치게 집중함으로써 정작 자신의 개인적 능력은 포기하게 된다. 자신을 소중한 존재로 여기는 감각도 잃어버린다. 이런 사람들은 욕구를 충족시키지도 못하고, 스스로를 방어하지도 못하기 때문에 관계 형성에 어려움을 겪는다. 감정은 마치 끓는 압력솥과 같아져 불안정하고, 외롭고, 분노에 가득 차 있다.
청소년들에게 '수동적인 사람'을 정의해 보라고 했다.

- 무기력한 사람 (벤, 13세)
- 개성이 없는 사람 (데보라, 14세)

- 스스로를 변호할 줄 모르고, 남에게 의존해 자기 삶의 의미를 찾는 사람

  (엘리자베스, 16세)

- 삶의 파도에 그냥 몸을 맡기기만 하는 사람 (카렌, 18세)

- 세상 어느 것에든 치이기만 하는 사람 (데이브, 16세)

- 늘 '지겹다'고 말하는 사람 (제이크, 15세)

- 자기가 옳을 때조차도 '내가 맞다'고 하지 못하는 사람 (애덤, 14세)

- 내적 동력이 전혀 없는 사람. 스스로 하는 일은 하나도 없고, 어떤 일이 그

  에게 닥칠 뿐이다. (미리엄, 15세)

- 책임을 지지도 않고, 생각을 나누지도 않고, 감정을 표현하지도 않는 사람

  (니나, 14세)

- 놀림당하기 좋고, 스스로를 희생해서 즐거워지는 사람 (리로이, 16세)

- 신념을 위해 싸우거나 '틀렸다'고 말하지 않는 사람 (루시, 12세)

- 침묵을 지키고, 잠잠하고, 조용하고, 슬프고, 죽은 것과 다름없는 사람.

  (케이티, 13세)

공격적 반응양식

수동적인 것과 완전히 대척점에 서 있는 것이 공격적인 사람들이다. 이들
은 시끄럽고, 뻔뻔하고, 냉소적이며, 다른 사람들보다 더 많은 공간을 차
지하는 것처럼 보인다. 권위를 조롱하고, 논쟁하기 좋아하고, 뒤에서 험
담하고, 다른 사람들을 깎아내린다. 같이 잘 지내는 게 쉽지 않으니, 사람
들이 좋아할 리 없다. 공격적인 반응양식의 몇 가지 예를 보겠다.

1

과제물을 열 페이지를 써야 했는데 다섯 페이지를 썼으니 형편없는 평가를 받는다. 과제물 주제에 대해 정보를 찾기가 쉽지 않았다고 설명하면 되는데, 그 대신 과제물을 찢어버리고 선생님 앞에 던진다. 그러고는 교실에서 휙 나가 버린다.

2

점심 급식 줄에 서 있는데 누군가 새치기를 한다. 그러자 밀어서 내보내 버린다.

3

빌려간 스웨터를 돌려주지 않는다. 파티에서 걸레로 만들어 버렸기 때문이다. 주인이 돌려달라고 하자 웃으며 말한다. "운도 나쁘셔. 완전 걸레가 됐어."

4

집안 규율을 어긴 적이 있기 때문에, 친구가 파티를 여는 날 밤에도 어머니가 밤 9시까지 귀가하라고 한다. 어쨌든 집을 나가 자정이 넘어도 돌아오지 않는다.

왜 이렇게 공격적으로 될까? 이런 이유가 있을 수 있겠다.

- 적극적으로 사는 법을 배운 적이 없다. 공격적인 성향을 적극적인 것으로

오해하고 있는 것이다. 사람들 위에 군림하는 힘을, 자신의 힘 혹은 권력이라고 착각한다.

- 다른 사람들의 감정을 전혀 고려치 않고, 사람을 이용해서 비열한 방법으로 원하는 것을 얻는 사람들을 보아왔다.
- 어떤 대가를 치르고라도 주도권을 쥐려고 한다. 다른 사람 혹은 어떤 상황을 지배하지 못한다면 자신이 약해지고, 공격당하기 쉬워지는 거라고 생각하기 때문이다.
- 인간의 기본 권리에 대해 배운 적이 없거나 확실히 알지 못한다. 자기가 원할 때면 언제든지, 자기가 하고 싶은 것은 무엇이든지 해도 된다고 생각하는 것이다.

수동성과 마찬가지로, 공격성 또한 치러야 할 대가가 있다. 공격적인 사람들은 뭔가 싫은 말을 들었을 때는 난폭해지기 때문에, 사람들이 쉽게 마음을 열게 하지 못하고, 관계를 맺으면서 정직한 피드백을 받지 못한다. 이들은 자기가 원하는 것을 얻기 위해 권력과 힘을 이용하고, 타협이란 없다. 그러니 친구를 쉽게 사귈 수가 없다. 사람들의 욕구를 무시하니, 친구를 사귀었다 해도 유지할 수가 없다.

개방성, 정직함, 다른 사람들의 욕구에 대한 존중 같은 것은 건강한 관계 유지의 필수요소이다. 결과적으로, 공격적인 사람들은 가깝고 친밀한 관계를 맺지 않으려는 경향이 있다. 외롭고 고립되어 있고, 쉽게 화내고 분개하며, 오해받고 있다고 느낀다. 이러니 더 공격적이 될 수밖에. 어떤 일이든 자신이 주도하려고 하니 스트레스를 더 많이 받고, 공격성은 더 큰 문제를 낳는다. 자신의 작은 세계에 대해 책임을 져야 한다고 생각하지만, 내면 깊은 곳에 자리 잡은 사랑에 대한 갈망과 다른 사람들과 관계 맺고 싶은 욕망은 채워지지 못한다.

청소년들에게 공격적인 사람들에 대해 어떻게 느끼는지 물었다.

- 안됐죠, 뭐. (벤, 13세)
- 나도 똑같이 공격적으로 대응하고 싶어져요. 위협받는 건 싫거든요. (조엘, 16세)
- 진짜 화가 나서 뭐라 한마디 해주거나 그냥 자리를 떠요. (엘리즈, 15세)
- 누군가 공격적으로 대하면, 물러서 있게 돼요. 그런 사람들 곁에 있으면 편하지 않거든요. (엘리자베스, 16세)
- 상처받아요. (로즈, 15세)
- 실망해요. 나는 공격성과 폭력을 이해하기가 힘들어요. (카렌, 15세)
- 방어적이 되거나, 무시하거나 해요. 내가 처한 상황에 따라서. (알리샤, 18세)
- 다른 사람한테 그런 식으로 행동한다는 것에 대해 화가 나요. (밴, 14세)
- 무시하려고 애써요. (대미언, 13세)
- 기분이 상해서 자리를 피하려고 해요. (알렉스, 13세)
- 상처받고 모욕당한 기분이 들어요. 모든 사람에 대해 존중해 주는 관계가

나한테는 소중해요. (릴라, 13세)

• 화가 나고, 초라해지고, 무기력해지고, 좌절하게 돼요. (베니타, 12세)

수동-공격적 반응양식

수동-공격적인 사람들은 수동성과 공격성의 최악의 속성을 합쳐 놓은 사람들이다. 이런 유의 사람들이 기분이 안 좋으면 결국 치밀하고, 치사하고, 비열하게 복수를 한다. 수동-공격적인 사람들을 마주할 때 어떻게 하면 판별할 수 있을까? 그들이 어떻게 느끼는지를 정확히 알 수는 없으니 어렵기는 하다. 하지만 이런 사람들과 함께 있는 것은 매우 힘든 일일 때가 많다.

수동-공격적인 반응의 몇 가지 예를 들어보겠다.

1

아버지가 친구랑 놀러 나가기 전에 잔디를 깎아야 한다고 일러둔다. 웃으면서 그렇게 하겠다고 한다. 그러고선 창고로 가서 잔디 깎는 기계의 가스 탱크에 휘발유를 넣어서 엔진을 못 쓰게 만들어 버린다.

2

친구가 영화를 보기로 한 약속에 늦었다. 굳은 얼굴을 하고는 그날 저녁 내내 친구를 침묵으로 대한다. 다음번에는 그 친구와 무슨 일을 하든지 자기가 늦겠다고 결심하며……. 그리고 그렇게 한다.

3

숙제에 점수를 매길 때 선생님이 실수를 한다. 그걸 발견할 당시에는 아무 말도 하지 않는다. 방과 후, 선생님이 퇴근한 것을 확인하고는 교실로 몰래 들어가 선생님의 책상 서랍을 강력 접착제로 붙여 버린다.

수동-공격적인 사람들은 분노에 차 있지만 분노를 표현하는 올바른 방법을 모른다. 그래서 스스로의 욕구를 채우는 대신, 복수를 한다. 자신이 어떻게 느끼는지를 사람들에게 절대 알려주지 않는다.

수동-공격적인 사람들과 관계를 맺는 것은 매우 힘들다. 그들이 어떤 입장인지, 이 일에 대해 그들이 어떻게 느끼는지 알 수가 없으니까. 그러니 관계 형성에서 생긴 문제들을 풀기란 거의 불가능하다. 숨겨진 공격성 때문에 이런 사람들은 자신이 모욕을 참았다고 느끼며 복수하려고 시시때때로 노린다. 그러니 너희는 항상 이런 데 맞서서 자신을 보호해야 하는 것이다.

청소년들은 수동-공격적인 사람들에 대해 어떻게 느낄까?

- 그런 사람들한테는 솔직해질 수가 없어요. 언제 혹은 어떻게 덤벼들지 알 수가 없으니까. (트레이시, 14세)

- 기만당하고 거짓말에 속게 돼요. 뭐라고 말하다가 갑자기 그 반대로 말하 니까. (제임스, 15세)

- 믿을 수 없는 사람들이에요. (마리, 12세)

- 피해망상증이 생겨요. (브리짓, 16세)

- 뭐가 그렇게 짜증이 나는지 말을 해줬으면 좋겠는데, 절대 그러지 않아요. (미카, 17세)

- 머리부터 발끝까지 부정직한 애들이라, 친구로 삼기에는 가장 최악이에요. (론다, 17세)

- 어유, 미치게 해요. (피트, 13세)

너희 반응양식은?

성격은 살아온 환경에 의해 오랫동안 서서히 형성된 것이다. 그래서 어떤 행동이 해로운 것이고, 심지어 자기 파괴적이기까지 한지 까맣게 모를 수 도 있다. 너희는 그때그때 다른 사람들 사이에서 수동적일 수도 있고, 공 격적일 수도, 수동-공격적일 수도 있다. 하지만 우리에게는 지배적인 경 향이 하나씩 있다. 자신의 성격에 대해 자각할 수도 있고, 다른 사람들에 게 '나는 어떠냐'고 물어봐야 할 수도 있다. 이런 것을 발견하는 일이 적극적으로 사는 법, 즉 모든 억압적 상황에서도 가장 좋은 반응양식을 배우는 첫 번째 단계이다.

해답은 '적극성'

적극성은 사람으로 하여금 적절할 때 자신의 감정을 정직하게, 직접적으로, 개방적으로 소통할 수 있게 해준다. 다른 사람과의 관계에서 무엇이 되고, 무엇이 안 되고의 문제를 알 수 있게 한다. 또한 잘 어울려 지내기 위해서 무엇이 필요한지 의논할 수 있게 한다. 다른 사람들의 권리를 방해하지 않고도 바라는 것, 필요한 것을 요구할 수 있다. 나 자신이 누구이고, 내가 어떻게 느끼고 생각하는지, 내가 바라는 것이 무엇인지를 사람들이 알 수 있게 됨으로써 사람들과 건강한 관계를 형성할 수 있게 한다. 적극성은 스트레스 해소를 위한 중요한 기술이다. 억압적인 상황에 대해 어떤 행동을 한다면 압박이 많이 줄어들고, 삶의 질도 향상된다.

적극적인 사람이 되기 위해서는 두 가지 기본적인 능력이 필요하다.

❶ 인간으로서의 기본 권리(누구든지 '살아 있다' 는 것만으로)에 대해 분명히 인식하고 있어야 한다.
❷ 자신의 권리가 침해당할 때 사용할 수 있는 적극적인 반응 형태를 여러 가지 알고 있어야 한다.

기본 권리

다음은 모든 인간이 부여받은 기본 권리의 극히 일부이다.

- •자기 인생에 대해 결정을 내릴 권리
- •다른 사람의 요구에 대해 "안돼"라고 말할 권리
- •자신을 비판하거나 깎아내리는 사람들 앞에 당당하게 나설 권리
- •사랑과 기쁨의 감정뿐 아니라 분노, 좌절, 혼란, 공포의 감정까지도 다른 사람과 나눌 권리
- •자신의 권리가 침해당하는 데 반응할 권리

쥬디 갤브레이스가 《재능 있는 아이를 위한 서바이벌 가이드》에서 이야기한 기본 권리를 몇 가지 더 들어보겠다.

- •재미있고 도전할 만한 수업을 들을 권리
- •원하면 최선의 과제를 할 수 있지만 그렇지 않을 때는 덜 완벽한 과제를 할 권리
- •다르게 행동할 권리
- •자신의 진도에 맞춰 그에 적합한 수업을 따라갈 권리

적극성 연습

적극성이란 하나의 기술이기 때문에, 능숙해지려면 여러 다양한 형태의 적극적인 반응양식을 통한 지원과 연습이 필요하다. 올바른 방향에서 시

작하기 위해서는 'ASSERT(적극적인 주장) 공식'을 사용하면 된다. 감정을 어떻게 소통시키면 되는지, 권리를 어떻게 행사하는지, 그리고 권리가 침해당했을 때 적극적인 방식으로 반응하는 방법에 대해 이 간단한 공식이 답을 줄 것이다.

ASSERT 공식

- A는 attention, 즉 '주의 환기하기'이다. 다른 사람들과의 관계에서 생긴 문제를 갖고 싸우기 전에, 그 사람의 동의를 얻고 네가 하려는 말에 귀를 기울이게 해야 한다. 그 사람이 기꺼이 들을 의지와 준비가 되어 있다는 것이 확실해져야 한다.

- 첫 번째 S는 Soon, Simple, Short, 즉 '빨리, 단순히, 짧게 이야기하기'이다. 감정을 분명히 정리할 수 없을 만큼 화가 나 있지만 않다면, 권리가 침해당했다고 느끼자마자 반응을 보여라. 이렇게 하면 주위 환경이 확 새로워진다. 문제를 단순하고 간단하게 말해 보자.

- 두 번째 S는 Specific Behavior, 즉 '특정한 행동 지적하기'이다. 문제를 야기한 사람의 특정 행동에 초점을 맞춰 이야기해라. 그 사람에 대해 네가 어떻게 느끼는지에 초점을 맞추지 말 것!

- E는 Effect on Me, 즉 '나에게 끼친 영향에 대해 얘기하기'이다. 그 사람으로 하여금 네가 겪은 감정과 문제점들이 그의 행동에서 연유한 것임을 깨닫게 해라.

- R은 Response 즉 '반응하기'를 말한다. 새로운 관계가 작동하게 하기 위해 필요한 것을 얘기해 보자. 행동이 변화되면 더 잘 지낼 수 있다. 그리고

다른 사람에게, 네가 요청하면 반응을 보여달라고 부탁하자.

- T는 Term, 즉 '조건'이다. 모든 것이 잘 풀린다면, 앞으로 같은 상황이 닥치면 어떻게 해야 할지 너 스스로 결론을 내릴 수 있어야 한다.

다음은 ASSERT 공식을 실제 어떻게 적용하는지 보여주는 두 가지 사례이다.

문제 **1**

친구와 무언가 함께하고 싶다면 항상 네가 그 친구에게 전화해야 한다.
그 친구는 먼저 전화하는 법이 없다.

Attention (주의 환기하기)_ "후아니타, 내가 좀 오랫동안 고민해 온 문제가 있는데 잠시 시간 내서 얘기 좀 할 수 있겠니?"

Soon, Simple, Short (빨리, 단순히, 짧게 이야기하기)_ "내가 느끼기에, 우리 사이에서 내가 항상 모든 일을 다 하는 것 같아."

Specific Behavior (특정한 행동 지적하기)_ "나만 늘 전화하는 것 같거든. 네가 먼저 전화하는 걸 본 적이 없어."

Effect on Me (나에게 끼친 영향에 대해 이야기하기)_ "나는 네가 내 생각을 전혀 안 하는 것 같다고 느껴. 그리고 우리 우정은 너한테 그다지 중요한 게 아니라고도 느끼고."

Response (반응하기)_ "너도 나한테 전화 자주 하고, 같이 할 일들을 계획해줄 수 있을까?"

Term (조건)_"고맙다. 네가 우리 사이에 대해 많이 고민하고, 앞으로는 자주 전화할 거라는 걸 알게 되어 정말 고마워."

문제 ❷

내가 친구와 전화하는 걸 볼 때마다 어머니가 고함을 지른다

Attention (주의 환기하기)_"엄마, 저한테 좀 힘든 일이 있는데 같이 얘기 좀 할 수 있어요?"

Soon, Simple, Short (빨리, 단순히, 짧게 이야기하기)_"엄마가 내가 전화 끊기를 바랄 때 그걸 알려주는 방식 때문에 힘들어요."

Specific Behavior (특정한 행동 지적하기)_"제가 전화를 너무 오래 붙잡고 있다고 느끼실 때마다 고함을 지르는데 듣기 싫거든요."

Effect on Me (나에게 끼친 영향에 대해 이야기하기)_"그러실 때마다 친구들 앞에서 당황스러워요."

Response (반응하기)_"좀 다른 방식으로 해주시면 안 될까요? 2분 안에 전화를 끊어야 한다는 걸 알려주고 싶으면 손가락 두 개를 들어 보여주세요. 그러면 저는 여유 있게 대화를 끝마칠 수 있을 거예요. 우리 둘 다에게 훨씬 쉬운 방법이겠죠."

Term (조건)_"좋아요. 그럼 엄마는 앞으로 소리를 지르시는 대신 손가락 두 개를 들어 보여주고 저는 2분 안에 전화를 끊을게요. 그렇게 해주시겠다니 정말 고마워요."

ASSERT 공식이 처음에는 기계적이고, 황당하다고 느낄 수도 있다. 걸음마를 배우는 아기처럼, 너희도 한동안은 자연스런 '단계'를 밟기 힘들 수 있다. 하지만 이 공식을 적용할 일이 생길 거다. 이 공식은 누구든 할 수 있을 정도로 쉽지도 않고, 항상 효과를 발휘하는 게 아닐 수도 있고, 적극적으로 자신을 표현하면 오히려 사태를 악화시키는 경우도 있을 것이다. 예를 들어, 술 취한 사람, 폭력적인 사람, 무척 화가 난 사람한테는 적극적인 의사 표시를 할 이유가 없다. 그럴 때는 다른 사람들이 너희 편에서 너희 입장을 들어줄 수 있거나 들어줄 의사가 있는지만 잘 판단하면 된다.

대부분의 경우, 적극적인 행동은 주변 사람들의 스트레스를 줄여준다. 문제점을 이야기하기가 힘이 들더라도, 단지 노력하는 것만으로도 사람들에게 선물을 주는 셈이다. 마치 "나는 우리 관계에 대해 걱정하고, 우리 관계가 제대로 돌아가는 걸 바라기 때문에 이런 위험을 감수하는 거예요"라고 말하는 것과 같다.

자신을 적극적으로 표현하는 일, 그래서 너희 세계가 다른 사람에게도 더 나은 삶을 선사하는 방향으로 바뀌는 것을 지켜보는 것은 멋진 일이다. 이 일은 너희가 힘 있고, 가치 있는 사람임을 깨닫게 한다. 너희가 바라던 바로 그 반응을 얻지 못한다고 해도, 다른 사람으로 하여금 너희 요구를 충족시키는 기회를 만들어주는 것이다. 툭 터놓고, 효과적으로 바라는 것을 얘기하기 때문에, 사람들은 너희가 어떤 입장이며 너희와 잘 지내려면 어떻게 해야 하는지를 알게 된다. 방어적이거나 공격적이 되지 않고도, 직접적이고 정직한 커뮤니케이션을 할 수 있도록 이끄는 셈이다.

적극적인 의사소통은 너희 세계에서 옳지 않은 일들과 관련된 스트레스를 줄여주기도 한다. 감정을 건강한 방식으로 표현하는 일은 너희가 폭발점에 도달하지 않도록 안전 밸브를 장착하는 것과 같다. 적극성은 삶이라는 정글에서 살아가는 중대한 기술이다.

> 그 누구도 당신의 동의 없이 당신에게 열등감을
> 심어줄 수 없다.
>
> -엘리노어 루즈벨트

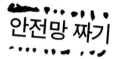

안전망 짜기

적극적으로 사는 법과 '나 자신'을 잘 돌보는 법을 배울 때에는, 새로운 행동양식을 시도해 보도록 용기를 북돋워주고, 실수도 용납해 주는 사람이 주위에 필요하다. 변화와 성장을 시도할 때, 특히 삶이 너무 힘들거나 두려울 때는 지원자가 꼭 필요하다. 이런 사람들이 있고 없고에 따라 어깨에 진 스트레스를 지고 갈 수도 있고, 훌훌 털어버리고 나갈 수도 있다. 너희에게 신경 쓰는 사람들을 찾아내고, 그들이 너희를 지원하는 관계로 만드는 법을 배우는 것은 중대한 삶의 기술이다.

많은 사람들이 자기 삶을 더 좋게 바꾸지 못한다. 그건 그 사람들이 지능이 낮거나 욕망이 부족해서가 아니다. 실제로 변화가 일어나려면 감수해야 할 위험들이 있는데, 그것을 도와주고 지지해 줄 무언가가 없기 때문이다. 혼자일 때는 사람들이 "그냥 있는 너 자신으로 살지 그래" 라는 압력에 저항하기가 힘들다. 우리는 우리 자신의 습관이라는 힘에 맞서 싸울 만큼 강하지 않으니까.

우리 삶에서 큰 변화를 일구려면, 사람들로 하여금 용기를 북돋우고, 성공을 축하하도록 해야 한다. 일이 제대로 풀리지 않을 때 '나'를 위해 그 자리를 지켜주는 사람이 필요하다. 그리고 하려고 했던 총체적인 일을 잊어버리고 지엽적인 일에 집착할 때 나를 붙잡아줄 사람이 필요하다.

'격려해 주는 관계'는 공포, 좌절, 스트레스, 고립감, 절망감, 외로움, 자기 파괴적 행

위 같은 장애물들을 극복하고 사람을 성장시키고, 사랑할 수 있도록 도와준다. 너희를 격려해 주는 사람을 모두 모으면, 그 사람들은 서커스에서 줄타기 소년 아래 깔아놓은 것 같은 '안전망'이 되어준다. 그들은 너희로 하여금 위험을 감수하고, 새로운 행동을 시도하는 용기를 내도록 도와준다. 너희가 줄 위에서 아슬아슬해질 때, 믿을 만한 사람들이 너희에 대해 걱정하고 있고, 떨어지더라도 잡아준다는 사실을 알고 있는 것은 굉장한 힘이 된다.

혼자 뚫고 나가는 일의 어려움

우리 모두 안전망이 필요한데도, 정작 사회에서는 안전망 없이도 살아남아야 한다고 강하게 말하고 있다. TV 프로그램이나 영화를 보면, 제이슨 본 같은 고독한 자들이 강하고, 용감하고, 겁 없이 그려지는 것을 볼 수가 있다. 그들은 분노 말고는 감정이 없는 듯 보이고, 문제 해결을 위해 거의 폭력을 사용한다. 부상당한 프로 축구선수들조차도 뼈가 부서져도 울지 않는다. 붕대를 감고는 다시 게임에 임한다.

이것은 '혼자 뚫고 나가기'라고 할 수 있는데, 야성 속으로 돌진해 들어가고, 자신의 힘으로 문제를 다루어야 한다고 말하는 문화적 메시지이다. 모두 이런 정신을 갖고 있다면, 강하고 외로운 사람들로 가득한 위대한 국가가 만들어질 것이다. 일상의 문제들을 모두 혼자서 감당하려고 노력하는…….

우리 사회에서는 '승리'에 높은 가치를 매긴다. 1등이라야 하며, 최고라야 하고, 목표를 성취하는 데 있어 경쟁자를 물리쳐야 한다. 그래서 우리는 누군가를 지원해 주기보다는 자연스레 공격적이고, 경쟁적이기가 쉽다. '경쟁' 앞에서 약해 보이고, 공격받기 쉬워 보이는 것보다 공포와 걱정거리를 감추어 버리는 편을 택하는 것이다.

이러한 사회적 요구의 결과로 우리는 이렇게 되고 말 것이다.

- 체면치레하고, 잘나 보이도록, 진정 내가 어떻게 느끼는지, 나는 진정 어떤 사람인지를 감추기 위해 진실을 왜곡하기까지 한다.
- 내가 잘 알지 못하고, 마음 깊은 곳에서 나를 잘 알지도 못하는 친구들만 사귄다.

- 누구나 지니고 있는 인간적인 약점에도 불구하고 내가 얼마나 유능하고, 멋진 사람인지에 대한 칭찬을 결코 듣지 못한다.
- 큰 위기가 닥쳤을 때 주위 사람들에게 진심으로 도와달라고 할 수 있는 걸 모른 채 살게 된다.

> 우리는 피상적인 관계를 형성한다. 가벼운 만남에서만이 아니라 가족들과도 그렇게 된다. 결과적으로 우리 자신이 성장하지 못하고, 다른 사람이 성장하도록 돕지도 못한다. 우리는 감정이 억눌린 채로 살아가야 한다. 위험하고 자기 파괴적인 길을 따라가야 하는 것이다 .
>
> -존 파웰, Why Am I Afraid to Tell you Who I AM?

지원군 만들기

안전망은 그냥 생기지 않는다. 도움이 되는 사람이 되기 위해 필요한 기술, 도움되는 관계 안에서 작동되는 기술, 안전한 '네트워크'를 형성해 주기 위한 기술은 반드시 배우고 실천해 봐야 한다. 이러한 기술을 익히려면 다음과 같은 것들을 할 의지가 있는지, 할 능력이 있는지를 생각해 보자.

- 자신이 생각하고 느끼는 것을 정직하게 공유하기

- 편파적이거나 비판적이지 않은 상태로 남의 말 들어주기
- 누군가 정말로 나를 필요로 할 때에 함께 있어주기
- 다른 사람에게 긍정적인 의견 주기. 그들 자신에게, 그리고 세상에서 어떤 것이 옳은지 판단할 수 있도록 도와주기.
- 걱정스럽고, 상처받을 것 같고, 무서울 때는 다른 사람에게 도움과 객관적 의견을 요구하기.

이러한 기술은 '커뮤니케이션' 이라 할 수 있다. 정직하고, 개방적이고, 직접적인 커뮤니케이션은 친밀한 관계를 위한 중대한 요소이다. 느끼고 생각하는 것을 나눈다는 어려움을 감수하면서, 다른 사람들로 하여금 진정한 내면을 보도록 하는 것이다. 이런 종류의 공유는 신뢰를 필요로 하는데, 신뢰를 형성하는 데는 시간이 걸린다. 안전망이 없다면, 지금 당장 천천히 망을 짜기 시작해야 할 것이다. 애초에 신뢰라는 기초 없이 갑자기 뛰어들어서 자신의 생각과 감정을 나눌 수는 없다. 우선, 남에게 도움을 주는 사람이 되어야 한다. 자기가 받고 싶은 도움을 다른 사람들에게 줄 수 있어야 한다. 그러면 너희를 도와줄 수 있는 잠재적 능력을 가진 사람을 조심스레 선택할 수 있을 것이고, 신뢰에 기초한 관계를 천천히 형성할 수 있다. 이러한 과정이 어떻게 작동하는지 이해하면, 우정이 시작되고 진실로 가까워지는 과정을 이해할 수 있다.

> 가장 큰 걱정은 진실한 친구 하나 없이 계속 살아가는 거예요.
>
> -홀리 17세

우정의 5가지 단계

잠시 주위 사람들을 생각해 보자. 그중에 특별히 친한 친구라고 생각하는 사람이 있을까? 너희가 알고, 좋아하는 사람 역시 너희를 잘 알고, 좋아할까? 문제가 생길 때 전화하고, 기분 전환하러 뭔가 재미난 일을 같이 할 사람이 있을까? 아마도 그럴 사람이 있다고 해도 어쩌다가 한번 같이 시간을 보낼 뿐일 수도 있다. 그런가 하면 꼭 필요할 때가 아니면 말도 하지 않는 사람도 있을 수 있다.

알고 있는 많은 사람들과의 관계를 등급별로 나누어야 한다면, 그들을 얼마나 신뢰하는지 생각해 보는 걸로 시작해 보자. 이 일은 너희가 그들에게 힘들고, 괴롭고, 당황스러운 일들에 대해 얼마나 허심탄회하게 말할 수 있는지와 밀접한 연관이 있다. '신뢰의 자[尺]'는 이런 모양일 것이다. 이 척도를 종이에 옮겨 그려도 된다. 아는 사람들의 이름을 적어보자. 그 사람들은 각각 이 척도의 어느 위치에 놓일까? 이 작업은 '우정의 지도'를 그리게 해주고, 강한 안전망을 구축하려면 어떤 종류의 관계 형성이 필요한지를 알려주기도 할 것이다.

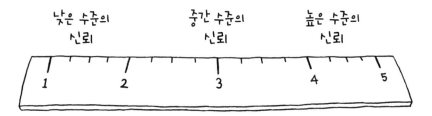

신뢰의 등급을 재기 위한 한 가지 방법은, 너희가 어떤 이야기를 하는지 생각하는 것이다. "다른 사람과 어떤 이야기를 함께 나누나? 그 사람은 너희와 무엇을 함께 나누나?" 이 정보를 가지고 관계를 '단계별로' 나누어 보자.

● 1단계: 명백한 사실에 관해 이야기를 나누는 사이

"토요일 밤에 마리아네 집에서 파티가 있어." "이번 금요일에 4장 시험을 본대." "이번 주말에 날씨가 좋다는데."

1단계 관계에서는 안전하고, 위협적이지 않고, 개인적 감정이 섞이지 않은 정보, 즉 정보, 사실, 지식, 교훈 등에 관한 것만을 공유한다. 말 속에 숨어 있는 개인적 감정은 거의 혹은 전혀 상관이 없다. 학교와 수업에서의 시간이 대부분 이 1단계 관계로 채워진다.

● 2단계: 다른 사람이 생각하고 말하는 것에 대해 이야기를 나누는 사이

"데비한테 새 남자친구가 생겼대." "새로 온 수학 선생님이 진짜 잘생겼다는데." "파울로네 팀이 어젯밤에 아주 힘들었대."

2단계 관계 또한 안전한 영역이다. 말하는 사람과 직접적인 관련이 있는 문제는 없기 때문이다. 2단계의 교류에서는 너희가 전면적으로 드러나지 않는다. 너희가 듣고, 읽고, '누군가가' 얘기한 것을 옮기는 것이기 때문에, 어떤 누구도 공유하는 정보에 대해 너희가 어떻게 생각하고 어떻게 느끼는지 알지 못한다. 의견이 일치하지 않거나 제안이 거절당할 위험이 전혀 없다. 곤란한 지경에 빠질 일도 없다. 이야기하고 있는 주제가 너희

와는 아무 상관없으니까.

● 3단계: 너희가 생각하는 것에 대해 이야기를 나누는 사이

"그 애 머리 색깔이 마음에 안 들어." "저 새 노래는 정말 멋져." "약물을 복용하는 건 멍청한 짓이야." "우리 학교 운영에 대해 우리에게 발언권이 있어야 한다고 생각해."

3단계의 대화는 위험 요소와 함께 신뢰가 싹트기 시작하는 단계이다. 너희는 의견을 드러냄으로써 다른 사람들에게 자신의 모습을 보여주기 시작한다. 너희가 어떤 것을 지지하는지를 알려주기 때문에, 이 단계는 위험해지는 영역이다. 결과적으로 반대 의견에 부딪치게 될 수도 있고, '다른' 존재로 인식될 수도 있고, 거부당할 수도 있다. 그런가 하면 동시에 사람들에게 너희가 어떤 존재이고, 무엇을 중요하게 생각하는지 알려줄 수 있다.

● 4단계: 감정에 대해 이야기를 나누는 사이

남자친구와 깨져서 울고 있는 누군가를 안아준다. 학교에서 하루 종일 안 좋은 일만 있어서 주먹으로 사물함을 친 누군가를 위로한다. 방금 가까운 이가 죽은 누군가의 곁에 있어준다.

4단계의 관계에서는 감정을 함께 겪고, 나누고, 서로 반응이 오간다. 미칠 것 같고, 슬프고, 행복한 일에 대해서만 얘기하지는 않는다. 사랑과 기쁨을 표현하고, 폭언을 퍼붓고, 눈물을 쏟고, 온 방 안을 뛰어다니기도 한다. 이 단계에서의 힘든 문제는 감정을 집중한 상태에서도 침착하고, 무

슨 일이든 할 수 있는 상태를 유지해야 한다는 점이다.

머리에서 우러나는 감정보다는 마음 깊은 곳에서 감정을 나누는 것이 훨씬 더 힘들고, 그냥 느낀 점을 얘기만 하는 것보다 실제로 그 감정을 '겪는' 일이 훨씬 더 어렵다. 4단계에서, 사람들은 상처받기 쉽다. 깊은 신뢰가 있어야 한다는 게 명백하다. 자신의 감정을 함께 나누는 사람들이 너희를 절대 웃음거리로 만들거나 가장 필요로 할 때 가버리지 않을 것임을 확신할 수 있어야 한다. 진정한 관계 맺기가 시작되는 지점이다.

● 5단계: 그 사람에 대해 느끼는 바를 나누는 사이

5단계는 4단계의 확장이지만, 너희가 공유하는 것은 너희와 같이 있는 사람에 대한 감정이다. 사랑, 상처, 분노, 좌절, 행복, 슬픔, 수줍음 그리고 내면에서 진행되는 그 어떤 것에 대해서도 직접적으로 표현한다. 이러한 교유에는 극단적인 폭로, 위험, 가장 깊은 곳에서의 감정 공유가 포함된다. 이를 위해서는 고도의 신뢰와 관계에 대한 자신감이 있어야 한다.

5단계에서 어려운 점은 이런 점들이다.

❶ 자신이 느끼는 바에 대해 잘 알기

❷ 자신의 감정에 대해 정확히 표현하기

❸ 이러한 수준의 신뢰를 나눌 수 있는 또 다른 사람 갖기

5단계의 관계는 그냥 생기지 않는다. 다른 사람에게 이렇게 하라고 요구할 수도 없다. 대부분의 경우, 둘 사이의 관계가 성숙함에 따라 이러한 관

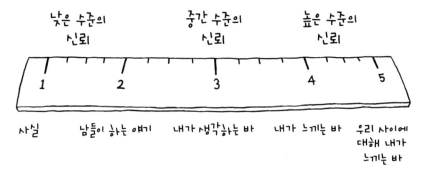

계로 진화한다. 4단계에서 충분한 시간을 보내고 충분히 힘을 쏟았다면, 5단계로 옮겨갈 가능성이 크다.

'신뢰의 자'에 이 새로운 정보를 적용해 보면 다음과 같다.

아까 그린 '신뢰의 자' 위에 아는 사람들 이름을 써넣었나? 방금 배운 것을 적용해 볼 때, 어떤 사람은 자리를 옮길 수 있을까? 5단계에 있는 친구라고 생각했던 사람이 4단계 혹은 그 이하로 옮겨지나? 2단계나 3단계에 너무 많은 이름이 있지 않은가?

너희 목표는 친구들 전부를 5단계로 만드는 게 아니다. 알고 있는 모든 친구들한테 너희가 가장 좋은 친구가 되었으면 하지는 않을 테니까. 그런 일은 너무 극단적이고, 사람을 지치게 하는 일일 테니까. 튼튼한 안전망을 짠다는 것은 너희가 이런 일을 하고 싶어 한다는 의미이다.

- 이해심과 능력을 4나 5단계가 되도록 발전시키는 것. 그러면 누군가가 다가올 때 더 큰 신뢰를 쌓을 수 있는 기회를 놓치지 않을 것이다.
- 안전망에 핵심적인 요소가 되어줄 4나 5단계를 차지하는 사람을 몇 명 만

드는 것.

- 주위에 1, 2, 3단계 사람들이 많이 있음을 확신하는 것. 그 단계의 관계가
  줄 수 있는 특별하고, 중요한 선물이 있다.

만나는 모든 사람과 친밀한 관계를 맺을 필요는 없다. 그렇게 친하지 않은 사람이라 할지라도 지식, 삶의 다른 관점 그리고 너희에 대한 또 다른 관점을 제공해 줄 수 있다. 그들 또한 너희에게 새로운 세상, 새로운 도전 거리들을 소개해 줄 수 있다.

주고받기

이런 말을 들어본 적이 있을 것이다. "주는 대로 받는다." 이 말은 관계 형

성에서도 마찬가지로 적용된다. 다른 사람들에게 도움이 되고자 할 때, 그 대가로 이런 것을 받을 수 있다.

- 자신에 대해 더 잘 알게 된다

  자기가 신뢰하는 사람에게 뭔가 툭 터놓고 얘기하고 나서야 나 자신의 위치를 알게 되는 경우가 많다. 우리는 서로 다르고, 상충하는 생각과 감정을 갖는 경우가 많다. 이런 것들을 다른 사람에게 조리 있게 표현할 수 있도록 잘 정리하면, 훨씬 더 분명하고 명백해진다.

- 감정에 대해 소통하기 위한 표현력을 키울 수 있다

  감정을 더 많이 나눌수록 더 잘 묘사하고, 인식할 수 있게 된다. 결과적으로 감정에 대해 표현할 수 있는 언어를 완전히 새로 정리하게 되고, 복잡한 내면에 대해서도 새로운 방식으로 이야기하게 된다. 겁이 나는 순간에 막연히 '불안하게 동요'하지 않고, 감정을 잘 정리하고, 이해하고, 사람들에게 잘 설명하고, 결국 네게 필요한 도움과 지원을 받을 수 있게 된다.

- 친밀한 우정을 쌓을 수 있다

  다른 사람과 의사소통할 때, 그들도 너와 의사소통한다. 다른 사람들도 자기가 생각하고, 느끼는 바를 이야기하기 시작한다. 그들의 문제점에 대한 너의 관점에 대해 물어보고, 둘 사이의 신뢰는 쑥쑥 자란다.

- 네가 얼마나 정상적인지 알게 된다

  다른 사람들에게 자신을 보여주면 줄수록, 다른 사람들에게도 똑같이 공포, 문제점, 당황스런 순간들이 있음을 더 많이 알게 된다. 자신이 상상했던 것보다 다른 사람들과 훨씬 더 비슷하다는 것을 알게 되는 것이다. 서로 도움을 주는 관계 속에서 신뢰하는 사람에게 자신을 보여줄 때면, 네가 정상적인 문제와 화젯거리를 갖고 있는 평범한 인간이라는 것이 명백해진다.

이걸로는 충분하지 않나? 그럼, 이런 것도 얻을 수 있다.

- 내면적 가치와 능력을 확인해 줄 수 있는 사람과의 친밀감 형성
- 신뢰하는 사람들과 생각과 감정을 나눔으로써, 억압된 스트레스를 해방시키고, 스트레스가 쌓이는 것을 막아줄 기회
- 자유롭게, 마음 놓고 말할 수 있도록, 평가하거나 비판하지 않고서 너의 말에 귀를 기울여 줄 사람
- 너의 장점이 무엇인지 알아보고 어떤 것을 변화시켜야 할지 생각해 볼 수 있도록 해주는, 너에 대한 정직한 피드백
- 정신적인 영양 공급, 격려 그리고 필요하다면 포옹까지
- 너의 존재와 가치 인정
- 믿고 믿어주는 관계에서 오는 안정감과 확신

인간은 본성적으로 인정받으려는 갈망을 지닌다.
- 윌리엄 제임스

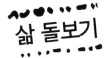

삶 돌보기

일단 안전망이 자리를 잡으면, 다음 단계로 스트레스를 관리하는 중대한 삶의 기술을 배울 준비가 갖춰진 것이다. 바로 너희 삶에 책임을 지는 일이다. 다음 단계는 '큰 질문들'을 파악하는 것으로 시작한다. 예를 들면, 누가 내 삶의 운전대를 잡고 있으며, 어디로 가야 할까 하는 것들.

자신의 삶이 마치 좌석 두 개짜리 자전거와 같은데 영원히 뒷좌석에만 앉아 있어야 할 것만 같다고 느껴본 적 있을까? 앞을 보려 할 때마다, 누군가 눈앞을 가로막는다. 삶이라는 도로 위에서 목청 높여 외치는데, 할 일이라고는 페달을 밟는 일뿐.

"난 어디로 가는 거지? 내가 왜 이 방향으로 가는 거지? 누가 결정을 내렸지? 딴 사람도 아니고 '나'한테 정말 중요한 게 뭐지?" 하고 묻는 것은 지극히 정상적이다. 너희 삶에서 이런 큰 질문들은 답하기 매우 어렵다. 너무 어려워서, 어떤 청소년들은 (많은 어른들도) 이것에 대해 차라리 생각하지 않으려고 한다. 그러나 답이 없다면 심각한 결과가 초래된다. 방향감각이나 목표 없이, 책임감 없이 삶을 헤쳐나간다면, 스트레스는 엄청날 것이다.

언제든지 다른 사람에게 대신 인생사를 결정하게 할 수는 있다. '다 자랐을 때' 무엇을 해야 하고, 어떤 사람이 되어야 할지 생각해 줄 수 있는 사람은 널렸다. 하지만 다른 누군가의 전망을 따라간다면, 너희가 내릴 수 있는 유일한 결정은 얼마나 열심히 페달을 밟고 얼마나 많은 에너지를 쏟아부을 것인가뿐이다. 다른 누군가의 꿈을 위해 열정과 의욕을 유지하기란 힘든 일이고, 얼마 안 가 이 여행은 의미를 잃는다. 흥미진진하고, 정열적인 탐구 여행이 될 수 있을 것도 곧 지루하고 공허해진다.

너희 삶의 많은 일들을 직접적이든 간접적이든 다른 사람이 결정할 것이다. 어릴 때는 다 그런 법이니까. 어떤 학교를 다닐지, 어떤 수업을 들을지, 얼마나 늦게 자도 될지, 집안일에서 어떤 책임을 맡을지 등을 다른 사람이 결정할 수는 있다. 이 가운데 몇 가지는 협상 가능하지만, 대부분이 그렇지 못하다.

너무 많은 희생을 치르지 않고, 이러한 결정의 대부분에 순응하며 살 수도 있을 거다. 결국 이러한 것들은 '시덥잖은 일'이라고 할 수 있으니까. 하지만 너희가 정작 걱정해야 할 것은 '큰 결정'에 관한 것들이다. 어떤 사람이 될 것이며, 인생에서 어떤 일을 할 것인가 하는 문제와 관련 있는 결정.

> 표류하는 것은 지옥에 있는 것이요,
> 항해하는 것은 천국에 있는 것이다.
>
> -조지 버나드 쇼

중대한 결정

너희가 인생에서 어떤 길을 택할 것인가 고민하고 있을 때 옆에 누가 있으면 좋을 것이다. 선택을 놓고 함께 고민하고, 도와주고, 길잡이가 되어주는 부모님이나 주위 다른 어른들이 있다면 정말 좋은 일이다. 하지만

어른들은 가끔 넋을 잃고는 자기들이 원하는 방향으로 아이들을 몰아가려고 할 때가 있다.

예를 들어, 온 가족이 하키를 좋아한다고 해보자. 아버지는 하키선수였고, 맏아들은 일주일에 3번 연습에 나가고 주말마다 경기를 한다. 어머니는 경기마다 하키장 링크를 지킨다. 이러면 막내는 십중팔구 '하키 원반을 입에 물고' 태어날 가능성이 크다. 아기 때부터 하키를 해야 한다는 은근하고도 직접적인 압력이 가해질 것이다. 유아용 침대에는 아기용 하키복과 하키 용품 미니어처들이 놓일 것이다. 자라면서는 하키 선수들의 포스터가 벽을 장식할 것이고, 하키 경기에서 들리는 소리(고~~~올인!)는 태어난 순간부터 귀에 윙윙 울릴 것이다. 만일 이 아기가 하키를 정말로 좋아한다고 해도 '스스로' 하키를 선택할 가능성은 없을지도 모른다!

중대한 결정은 종종 너희도 모르게 비밀리에 이뤄지곤 한다. 너희가 무엇이 될지를 누군가 조용히 결정해서 너희를 자전거 뒤쪽에 앉히고는 페달을 밟으라고 한다. 너희는 잘하고 싶고, 어른들을 기쁘게 해드리고 싶어서 미친 듯이 페달을 밟는다. 때때로, 그렇게 페달을 잘 밟았으니 보상도 받고 칭찬도 받는다.

보상이 충분하다면(수없는 칭찬이나 특권 같은 것), 자기가 어디로 가고 있는지 묻지 않을지도 모른다. 그런 걸 묻는 대신 다른 사람들의 기대에 부응하기 위해 열심히 살며, 다른 사람의 손에 자기 삶의 방향을 맡기고 살 거다.

친절한 어른들에게서 너희 삶에서 뭘 선택할지에 대해 정보를 얻는 것은 좋은 생각이다. 어른들은 경험이 많고, 마음속으로 너희가 잘되기를 바란다. 그러나 어쨌든 궁극적으로 '너희 삶'이다. 너희에게 중요한 방향으로 나아가고 있다는 자각이 없다면, 자기만의 꿈이 실현되는 데서 오는 활력도, 불꽃도, 재미도, 정열도 없을 것이다.

> 제일 두려운 것은 행복을 느끼지 못하는 것 그리고 내가 바라는 것이라고는 아무것도 할 수 없는 것이다.
>
> -샤론 16세

중대한 결정에 책임지기

인생의 중대한 결정을 내릴 때 어떻게 하면 책임을 질 수 있을까? 이 일에 대한 자각과 특별한 기술이 필요할 것이다. 특히 이런 것들을 알아야 한다.

- 인생에서 중요한 선택은 전적으로 너의 것이라는 사실. 만일 용기가 있다면, 자신을 위한 멋진 삶을 창조할 수 있을 것이다.
- 언제 중대한 결정이 내려지는지 알아차릴 수 있어야 한다. 그래야 그 결정에 따를지 말지를 결정할 수 있을 테니까.
- 자신이 가치 있게 여기는 것, 자신의 위치, 자신의 신념, 자신을 위해 원하는 바를 알아야 한다. 네가 개척하려고 하는 삶의 중요한 요소가 무엇인지 생각해 보자.
- '나의 삶'이라는 영화의 대본을 어떻게 써야 하는지 알아야 한다. 자기가 되려고 하는 모습이 가능한지 계획을 세워보고, 그 꿈을 향해 날마다 조금씩 전진해야 한다.
- 꿈을 향해 계속 전진하려면 감내해야 할 것들도 있을 것이다. 그럴 때 어떻게 도움을 받을지 알아야 한다. 그 길이 험난할 때는 더욱.

다른 사람들이 너희를 위해 큰 결정을 해줄 때, 사람들은 너희로 하여금 자잘한 결정을 내리느라 바쁘게 해서 지금 일어나는 일이 뭔지를 알 수 없게 한다. 예를 들어, 너희가 공부를 잘하고, 가족들에게 돈이 좀 있다면 대학에 가는 것은 중대한 결정일 수 있다. 그런데 어른들은 대학에 가고 싶냐고 너희에게 묻는 게 아니라, 당연히 대학에 가고 싶어 할 거라고 생각한다. 너희는 어느 대학에 가고 싶은지, 무엇을 전공할 건지, 기숙사에서 살 건지 학교 밖에서 살 건지 같은 자잘한 결정에 대해서는 발언권을 가질 수 있다. 대학에 가는 것은 큰 기회이고, 가장 좋은 일일 수도 있지만, 가장 중요한 결정은 사실 이거다. "지금 이 시점에서 내가 진정으로 바라는 게 이것일까?"

반대로, 너희가 특별히 공부에 소질이 있는 편이 아니고, 가족들이 경제적으로 넉넉하지 않다면 고등학교를 졸업한 뒤 바로 취업하는 것이 중대한 결정일 수 있다. 어떤 직업을 선택할 것인지 같은 자잘한 결정은 너희가 할 수 있을 것이다. 취업을 하는 것이 가장 좋은 일일 수도 있지만, 여기서도 마찬가지로 스스로에게 물어볼 필요가 있다. "지금 이 시점에서 내가 진정으로 바라는 게 이것일까?" 일단 중대한 결정이 내려지면―의식적으로든 아니든, 너희가 내리든 누가 내리든―가능한 다른 선택의 여지를 걸러내 버린다.

거의 모든 것을 이 예에 적용해 볼 수 있다. 음악에 소질이 있을 때, 운동에 소질이 있을 때, 가업에 뛰어들 때, 결혼할 때 등등. '아무것도 신통치 않다'는 것조차도 누군가 결정을 내리거나 자신이 결정 내릴 수 있는 문제다. 어떤 청소년들은 어른들이 '너는 별 쓸모가 없어'라고 얘기해도 믿는다. 이런 일이 생기면, 청소년들이 똑똑함, 창조성, 열정 등을 별로 안 좋아 보이는 일에 쏟아 붓는 것을 흔히 볼 수 있다. 결국 쓸모없어 보이는 데 재능을 발휘할 뿐이다.

중대한 결정이 이끄는 방향도 중요하지만, 그것이 여기서 다룰 중요한 이슈는 아니다. 너희가 지켜봐야 할 필요가 있는 그 결정이 어떻게 진행되는가 하는 '과정'이 중요하다. 만일 너희가 페달을 밟으려고 한다면―너

희가 인생의 비전을 실현하기 위해 에너지를 쏟아 붓기로 한다면—적어
도 너희는 그 비전을 선택하거나 강하게 영향력을 행사해야 한다.

의미 없거나 다른 사람의 이익을 위해 사는 인생이야말로 비극적인 것이
다. 사실, 자기 자신이 내려야 할 중대한 결정을 스스로 하지 않아도 편안
할 수 있다. 인생에 대한 책임을 질 필요도 없고, 인생이 지루하다면 다른
사람 탓을 할 수도 있을 테니까. 하지만 이런 만족감은 의미 있고, 흥미진
진하고, 온전히 자기 자신만의 것인 삶을 창조하고, 누리는 일에 비하면
그야말로 소소한 것에 불과하다.

> 인생에 대해 접근하는 방식은 정말이지 두 가지
> 밖에 없다. 패배자가 되느냐, 의기양양한 용사가
> 되느냐, 그리고 행동하는 사람이 될 것이냐 반응
> 하는 사람이 될 것이냐, 자기의 패를 쥘 것이냐 ,
> 산더미같이 쌓인 카드를 가질 것이냐도 결정해
> 야 한다. 만일 어떤 식으로 인생을 가지고 놀지
> 결정하지 않는다면, 인생이 당신을 가지고 놀게
> 될 것이다.
>
> -메를 셰인

다음 연습 과제는 인생의 중대한 결정이 너희를 위해 이미 내려졌는지를
파악하는 데 도움을 줄 것이다.

❶ 이미 결정되었을 것 같은 중요한 목표, 선택권, 신념 혹은 방향에 대해 목록을 작성해 보자. (목표가 없다든지 인생 혹은 미래에 대해 비관적이라든지 하는 것 역시 중대한 결정의 하나이다.)

❷ 목록 하나하나를 보면서, 그것이 네가 '의식적으로' 내린 결정이었는지 스스로에게 물어보자. 아니면 '원래 그런 것'이었을까?

❸ '원래 그런 것'들 목록을 따로 작성해 보자.

❹ 목록 하나하나에서, 언제 이 결정이 내려졌고, 누가 너를 위한다며 결정했는지 곰곰이 생각해 보자.

이제 특정한 사람이 지속적으로 너희 인생에서 중대한 결정권자 역할을 해왔다는 것을 알게 될지도 모른다. 대부분의 청소년들에게, 그 사람은 바로 부모이다. 너희 스스로는 단 한 번도 중대한 결정에 있어 영향력을 행사할 수 없었다는 것을 알게 될지도 모른다. 혹은 자신을 위해 뭔가를 결정할 기회가 많이 주어졌다는 사실을 알게 될지도 모른다. 중요한 것은 그런 주요 결정은 궁극적으로 자신의 것임을 의식하는 것이고, 너희는 자신의 삶에 책임을 질 수 있고, 그래야만 한다는 것이다. 중대한 결정이 내려질 때는 거기 동의하는지, 그렇지 않은지를 분명히 의식하고 결정해야 한다.

어른들과 중대한 결정에 대해 토론할 경우, 다음 메시지를 어른들과 함께 나누는 것이 도움이 될 수 있다.

부모들에게 주는 특별한 메시지

자녀들에게 가장 좋은 것을 주고 싶은 부모들의 마음에 성원을 보낸다. 이 책은 그 점을 염두에 두고 쓰였다. 하지만 세상이 변하는 속도를 보면 사실상 부모들의 경험과 부모들이 세상을 살아가기 위해 필요했던 기술 대부분이 아이들이 직면하는 세상에는 그대로 적용되지 않는다는 점이 명백하다. 아이들은 부모로부터 사랑한다는 말을 들을 필요가 있고, 부모님이 소중하게 생각하는 가치, 부모님이 세상을 대하는 신념, 무엇이 중요한가에 대한 부모님의 감정에 대해 들을 필요가 있다. 그런데 무엇보다 부모님이 자녀들에게 줄 수 있는 가장 큰 선물은, 자녀들이 스스로 선택하는 능력을 개발할 수 있도록 용기를 북돋워주고 지지해 주는 일이다. 청소년들이 스스로 선택하고 그 결과를 받아들이고 책임지기를 빨리 시작하면 할수록, 정글에서 스스로 삶을 헤쳐나가는 데 필요한 확신과 지혜를 더 빨리 얻을 수 있게 될 것이다.

> 아이들은 지시보다는 안내와 동감을 훨씬 더 필요로 한다.
>
> -앤 설리번

"부모님과 지낼 때 가장 어려운 점이 어떤 거지?" 라는 질문에 청소년들이 답한 사례들이다.

- 저한테 자유를 전혀 안 줘요. 저는 성적도 좋고, 술에 취해서 집에 들어오거나 담배 같은 걸 피우지도 않는데……. 저는 다 큰 아이인데, 부모님은 이제 저 스스로 잘 살 수 있을 만큼 컸다는 걸 믿지 않아요. (조엘, 16세)

- 제 또래 아이들을 전혀 이해하지 못해요. (엘리즈, 15세)

- 여전히 '우리 아기'로만 보고 싶어 해요. 저는 사생활이 별로 없어요. (트레이시, 18세)

- 부모님이 '친구'가 되려고 너무 노력해요. 저는 이미 가장 친한 친구가 있는데요. 저는 그저 '부모'가 필요할 뿐이라구요. (릴라, 13세)

- 부모님이 지금 몇 년도에 살고 계신지를 이해시키는 일. (수잔느, 17세)

- 부모님은 지금 무슨 일이 일어나고 있는지 정확히 알고 있다고 생각해요. 하지만 진짜 제 생활 안에서 살고 있지는 않죠. (제프, 16세)

- 제가 25살 먹은 것처럼 행동하기를 바라지만, 저는 아직 10살 때처럼 부모님이 필요해요. (마리아, 18세)

- 제가 성장하고 있다는 것을 이해시켜 드리는 것. (로즈, 15세)

자신만의 대본을 써보자

만일 인생의 중대 결정을 눈앞에 두고 있다면, 도움이 필요한 시점일 수도 있다. 인생의 비전을 설정하는 기술은 가르쳐 주는 곳이 많지 않다. 고등학교 3학년이 되어서야 누군가가 "졸업한 뒤에 무얼 할 거야?"라고 물을 경우가 많다. 만일 대답할 수 있는 말이 "잘 모르겠어요"나 "파티요!" 같은 거라면, 앞으로 꽤 골치 아플 거다.

인생이 영화라고 생각하고 대본을 써보자. 어떤 선택을 할 때마다, 그에 대해 책임 역시 지게 되는 것이다. (선택을 안 하기로 했다고? 그건 선택을 안 하기로 '결정'한 것이다.) 영화가 실패작이 되더라도, 그 결과에 책임을 지는 것이다. 또 모르지, 아카데미 최우수 작품상을 탈 수 있을지도. 너희 꿈이나 목표가 성취되는 것을 봄으로써 얻게 되는 기쁨, 만족, 자신감 같은 것은 충분한 보상이 된다.

인생의 대본을 쓰려면 다음 세 가지 기본 단계를 밟아야 한다.

❶ 어떤 삶을 살고 싶은지 개인적인 비전을 만들어본다.

❷ 미래를 현재로 데리고 와본다.

❸ 오늘 무엇을 할 수 있는지 마음의 결정을 하고, 그 꿈을 향해 나아간다.

개인적인 비전 창조하기

대부분의 청소년들에게, 인생 계획이란 학교에 가고, 몇 차례 시험에 통과하고, 직업을 구하고, 또 재미있게 사는 것 그래서 인생이 지나가게 내버려두는 것 정도일 거다. 그런가 하면, 또 다른 부류의 청소년들은 좀 더 초점이 또렷하다. 친구를 많이 사귀고 싶어 하고, 특정한 주제에 대해 배우고 싶어 하고, 좋은 성적을 받고 싶어 하고, 팀을 짜고 싶어 한다. 이러한 목표는 개인적인 비전을 잘 짠 것이기는 하지만, 시야가 좀 제한되어 있다. 이왕 꿈을 꿀 거면 좀 더 크게 꾸는 것이 좋지 않을까?

좋은 출발 지점은, 이런 가치들 아래서라면 내 삶을 설계할 만하다 하는 것들과 친숙해지는 것이다. 가족, 영적인 삶, 지식과 교육, 음악, 채식주의 같은 것이 중요하다고 믿나? 너희에게 어떤 사람이 영웅이고, 너희가 멋지다고 생각하는 사람들은 훌륭한 역할 모델인가? 요 몇 년 동안 어떤 사람이 너희를 깊이 감동시켰고, 어떤 점이 그들을 뛰어나 보이게 하나? 이 질문들에 대한 답을 해보기 시작하면, 앞으로 너희가 되고 싶은 사람의 모습과 앞으로 만들어 나가고 싶은 삶의 모습이 합성되어 떠오를 것이다. '너희'에게 정말 중요한 것과 '너희'를 위해 바라는 것을 깨달으면, 그때가 바로 개인적 비전을 발전시킬 수 있는 때이다. 그 다음에는 조금씩 상상을 덧붙이기만 하면 된다.

청소년들에게 "무엇이 너희 인생에서 가장 중요한가?"라고 물었을 때 나온 대답들이다.

- 가족과 친구들. 내 고양이와 바이올린. (알리사, 15세)

- 친구들, 변화, 배움과 지혜를 찾는 나 자신. (라몬, 18세)

- 가족, 종교, 지식. (스티브, 17세)

- 가족, 친구들, 미래. 성장할수록 우리 식구들이 나에게 점점 더 중요해진다. 친구들은 더 가까워지고, 소중해진다. 시간이 지날수록 점점 흥미진진해진다. (수잔느, 17세)

- 내가 믿는 신, 친구들, 사람들과의 관계. (릴라, 13세)

- 야구, 학교 그리고 인생 그 자체. (조엘, 16세)

- 교육, 행복 그리고 건강한 몸과 마음. (에이미, 15세)

- 내 가장 친한 친구, 피겨스케이팅 그리고 나 혼자만의 시간. 내가 여전히 정상적이고, 내가 어떤 사람인지 정확하게 알 수 있는 그 시간.

  (엘리자베스, 16세)

개인적 비전은 현재를 넘어서, 미래를 넘어서, 더 먼 미래까지 더 확장될 수 있다. 바로 지금, 너희가 언젠가 살고 싶은 삶을 만들어갈 수 있다. 너희 자신과 인생에 대해 더 많이 배울수록 비전도 따라서 변할 수 있다. 비전이란 것은 유연한 것니까. 20대에는 어떤 삶을 살고 싶고 30대, 40대에는 또 어떨까? 70대, 80대에는? 너희가 결정해야겠지. 너희 영화니까.

개인적인 비전을 창조하는 데 있어, 실제로든 가상으로든 생각을 방해하는 그 어떤 것도 허락하지 마라. 이런 일에는 제한이라는 게 없다. 상상이 마음껏 활개를 치도록 내버려두자. 괴상하게만 들리는 아이디어조차도 너희 인생에서 중요한 부분을 차지할 수 있는, 흥미로운 일의 씨앗을 품고 있을 수 있다. 세상은 큰 꿈을 가지고 살라고 하기보다는 우리로 하여금 실용적으로 살라고 북돋우며, 자유로운 사고를 하기에는 제한을 많이 둔다. 개인적인 비전에서 선택권을 넓게 갖고자 한다면, 이런 장애물은 뛰어넘을 필요가 있다.

전혀 시도해 본 적 없고, 그 누구도 한 번도 시도해 본 적 없을 수도 있는 일도 포함시켜야 한다. 많은 청소년들이 자기들이 잘할 수 있는 일에서 얻는 안전함과 보상에서 벗어나기를 주저한다. 자기가 잘할 수 있는 일을 한다고 해서 틀린 것은 아니다. 하지만 초점이 너무 좁은 데만 맞춰져 있다면 틀에 박히고, 지루해지고, 따분한 사람이 될 것이다. 새로운 일을 시도하고, 어렵게 성공할 때 얻을 수 있는 강한 자아 존중감은 전혀 기를 수가 없다. 우리에게 쉽지 않은 영역을 탐험하는 모험을 감수한다면 새로운 가능성과 능력이 활짝 열릴 것이다.

> 판에 박힌 일을 하는 것은 길고 얕은 무덤에 들어가는 것과 같다.
>
> -얼 힙

청소년들에게 "어떤 일을 정말로 시도해 보고 싶은가? 그리고 무엇 때문에 그걸 못 하지?" 하고 물었을 때의 대답이다.

- 가끔, 짐을 싸 들고, 친구 한두 명 데리고, 이틀 정도 길을 떠나고 싶어요. 하지만 부모님이 좋아하지 않으세요. 난 차도 없구요. (제롬, 16세)
- 새로운 성격을 가진 사람이 되어보고 싶어요. 하지만 많은 사람들이 지금 내 모습을 좋아해요. (헤더, 12세)
- 이야기를 써서 출판사에 보내볼까 생각해요. 하지만 거부당할까 봐 두려워요. (켈리, 15세)
- 스쿠버다이빙을 해보고 싶어요. 하지만 엄마가 그러는데, 내가 심장마비에 걸릴지도 모른대요. (제이슨, 17세)
- 행글라이딩에 관심이 있어요. 하지만 강습 받을 만한 나이가 안되었구요, 높은 데 올라가는 게 무서워요. (로라, 14세)
- 뭐든지 다요. 하지만 나 자신 때문에 잘 안돼요. (케이시, 14세)

다음 질문들은 크고 넓은 개인적 비전을 창조하는 도전에 응하는 너희를 도와주기 위해 만들어진 것이다. 나중에 가끔 들여다볼 수 있도록 이 질문에 대한 너희 반응을 특별한 공책이나 일기장에 적어도 좋다. 명심하자. 틀린 답이란 없다. 그리고 여기서 거침없고 창의적일수록 너희 삶은 다양하고 흥미진진해질 것이다. 이 세상과 자기 자신에 대해 더 많이 배울수록 질문과 대답은 변할 것이다.

- 나중에 나는 어떤 사람으로 알려질까?

- 어떤 취미를 개발할까?

- 공부를 계속할까? 어떻게 그리고 어떤 방식으로?

- 이 지구의 어느 곳에 가볼까?

- 유명해지기 위해 무엇을 창안해 낼 수 있을까?

- 친구들은 나중에 어떤 모습으로 변해 있을까?

- 결혼을 할까?

- 아이를 가질까? 그렇다면 몇 명이나?

- 영성(종교적인 감성)을 어떻게 개발할까?

- 건강을 유지하기 위해 무엇을 할까?

- 무엇으로 먹고살까?

- 노년에, 내 인생에서 가장 중요한 세 가지는 무엇일까?

6개월, 1년 혹은 좀 더 자주 비전을 다시 들여다볼 수도 있다. 새롭게 자라나는 너희에게 더 많은 여유를 주기 위해 비전을 좀 더 다듬을 수도 있다. 시간이 지나면서, 이것은 너희에게 맞는 삶을 찾는 데 도움을 줄 지도가 될 것이다.

> 실패한다면 너는 실망할지도 모른다. 하지만 아무 노력도 하지 않는다면 나쁜 운명에 처해진다.
>
> -비벌리 실즈

미래를 현재로 데려오기

일단 미래에 대한 비전을 제자리에 잡아주면, 다음 단계는 미래를 현재로 데려오는 일이 된다. 그런 식으로, 꿈을 향해 날마다 조금씩 다가가는 것을 느낄 수 있을 것이다.

개인적 비전은 다양한 목표를 담고 있다. 어떤 것은 직접적으로 밝혀지기도 하고, 또 어떤 것은 암시적이기도 하다. 예를 들어, "나는 우주비행사가 될 거야"라고 쓴다면, 이 문장은 궁극적인 목표를 알려줄 뿐 아니라 이 꿈을 이루기 위해 필요한 부가적 목표들까지도 암시하고 있는 셈이다. 우주 비행 프로그램을 수행하기 위한 것들을 배우고, 대학에 가고, 육체적으로 건강한 사람이 되고, 과학을 전문 분야로 연구하고, 지식을 프로그램에 적용시키고 하는 것들. 다시 말해, 그냥 꿈을 갖는다고 해서 우주비행사가 되지는 않을 거라는 얘기다. 계획을 세우고, 그에 따라야겠지.

개인적 꿈과 목표를 향해 계획을 세우는 것은 아무리 빨리 한다 해도 결코 이른 것이 아니다. 너희가 자신만의 계획을 세우지 않는다면 다른 누군가가 그것을 해줄 것이고, 그렇게 되면 너희 자신이 아무 의미 없는 삶을 향해 페달을 밟아나가고 있음을 깨달을 것이다.

> 장기적 계획과 단기적 계획 두 가지 모두 잘 세웠다면, 목표와 실천 행동은 잘 맞게 돌아가는 기어처럼 딱 들어맞을 것이다.
>
> -앨런 레이킨, How to Get Control of Your Time and Your Life

계획 발전시키기

개인적 비전의 목표를 위해, 작은 계획 또한 세울 수 있다. 각각의 계획에는 다음과 같은 요소가 있어야 한다.

- 목표 천명하기
- 목표에 도달하기 위한 여러 단계의 목록. 아주 작은 실천 행동부터 시작한다.
- 앞으로 마주칠지도 모르는 장애물들에 대한 설명과 그를 극복하기 위한 아이디어
- 목표를 이루기 위해 쓸 수 있는 수단들의 목록
- 목표를 향한 진척 상태를 잴 수 있는 방법에 대한 설명서

예를 들어, 개인적 목표 중 하나가 평생 건강하게 사는 것이라고 해보자. 그렇다면 계획표는 이렇게 될 것이다.

❶ 목표 천명
평생 육체적으로 건강하게 지내는 것

❷ 목표에 도달하는 단계
- •육체적으로 건강한 것이 내게 왜 좋을지 그 이유를 쭉 적어보고, 내가 매일 볼 수 있는 장소에 붙여놓는다.

- ••내가 좋아할 만한 운동의 목록을 만든다.

- ••그런 운동을 많이 해본 사람들과 이야기해 본다.

- ••운동을 하기 위해 필요한 장비 및 비용을 알아본다.

- ••내가 좋아하는 운동 하나를 고른다. (하나 이상도 좋다. 많을수록 흥미가 더

  할 것이다)

- ••초심자에게 알맞은 쉬운 계획표를 작성한다.

- ••같은 관심을 갖고 있는 사람들을 찾아보고, 그들과 함께 시간을 보낸다.

❸ 장애물

일어날 수 있는 일	내가 할 수 있는 일
친구들이 놀릴 것이다.	• 새롭게 만난 사람들로부터 지원을 받는다. • 이 주제에 맞는 책들을 찾아본다. • 운동을 함께할 친구를 찾는다. • 나를 놀리는 사람들을 적극적으로 대하는 방법을 배운다.
필요한 장비가 너무 비쌀 것이다.	• 가욋돈을 벌 수 있는 방법을 찾는다. • 좋은 장비를 마련할 수 있을 때까지 할 수 있는 일을 궁리해 본다. • 장비를 빌린다. • 부모님, 친척 혹은 친구들로부터 돈을 빌린다.
처음에는 열의가 넘칠 것이다. 하지만 내 게으른 천성과 자제력이 결국 내 계획을 망칠지도 모른다.	• 주간 계획표를 짜서 잘 보이는 곳에 붙인다. • 내 능력을 넘어서 무리하게 시도하지 않는다. • 작은 성공이라도 거두면 보상을 마련한다. • 적어도 두 명의 운동 파트너를 구한다.

❹ 유용한 정보를 얻을 수 있는 곳

- ••운동에 관한 도서관의 책들.

- •친구에게 같이 운동하는 사람들에 대해 물어본다.
- •친구에게 러닝화를 어디서 샀는지 알아본다.
- •건강 관련 웹사이트에서 정보를 얻는다.
- •체육선생님과 이야기해 본다.

❺ 발전 · 성공 조건

- •운동을 일주일에 3번 하고 있다.
- •육체적으로 훨씬 더 좋아지고 있다고 느낀다.
- •몇 주간 연속으로 성공하고 있다.
- •기력이 훨씬 좋다.
- •내 운동 파트너와 정상적인 일과를 유지하고 있다.
- •운동하는 날이 기다려진다.

개인적인 비전에서 세운 여러 가지 목표를 달성하기 위해서는 시간과 노력이 필요하다. 하지만 구체적인 계획을 세우지 않는다면, 비전이란 것은 그저 '이랬으면 하고 바라는 것'에 지나지 않을 것이다. 막대기에 달린 당근을 따라가는 당나귀처럼, 너희는 꿈에 가까이 다가가지도 못한 채 그저 살아갈 뿐이겠지.

오늘 할 수 있는 것을 결정하기

인생에 대해 책임을 진다는 것은 꿈에 한 발짝씩 다가갈 수 있게 하는 계획을 수립한다는 말과 같다. 계획을 많이 세울수록, 날마다 더 많은 선택을 해야 할 것이다. 이러한 행복한 생각도, 만일 너희가 이미 해야 하는 일들에 이미 압도당하고 있다면 악몽과 같아질 수도 있다.

많은 청소년들이 이미 일상에서는 '너무 많은 일들이 일어나고 있고', 이 모든 걸 어떻게 다 해야 좋을지 모르겠다고 말한다. 많은 청소년들이 모든 일을 자기가 훤히 알고 있어야 한다고 생각한다. 그 모든 걸 다 할 수는 없기 때문에 굉장한 스트레스에 시달리게 된다. 매순간 악전고투하고, 그 과정에서 자기 자신이 가장 끔찍한 호랑이가 되고 만다.

만일 너희가 이미 호랑이의 수염과 꼬리를 길러왔다면, 동물원에서 자기 모습을 변신시킬 또 다른 대안이 있다. 그것은 바로 '시간 관리'이다. 시간 관리를 통해 너희는 목표, 계획 그리고 날마다 해야 하는 모든 다른 일들을 일목요연하게 분류할 수 있을 거다. 시간 관리는 '오늘' 정말 중요한 것이 무엇이고, 제일 먼저 어떤 것을 해야 하는지 결정하는 데 도움을 준다. 숙제를 하거나 쓰레기를 버리러

나갈 때도 개인적 비전의 장기적 목표를 염두에 둘 수 있도록 해준다.

자기 관리 원칙이 없다면, 삶은 아무것도 아니다.

-캐서린 헵번

시간 관리

시간 관리의 핵심은, 해야 할 일의 우선순위를 정하는 것이다. 여기에는
여러 가지 방식이 있는데, 어떤 것을 해보든지 간에 스트레스는 훨씬 덜
할 것이다. 그중 한 가지가 ABC 관리법이다. 어떻게 하는지 보자.

❶ '할 일' 목록을 만든다. 이 작업을 위해 개인적 비전을 다시 살펴보고, 오
  늘 할 수 있는 일 가운데서 두세 가지를 고른다. 예를 들면 이렇게.

- 친구들과 재미난 일 하기

- 에마 숙모에게 편지 쓰기

- 우주비행사 프로그램에 대한 정보를 얻기 위해 도서관 가기

- 금요일 역사 수업에 제출할 숙제 하기

- 러닝화 사러 가기

- 여동생의 생일 선물 사기

- 버스 패스 사기

- 긴장 완화를 위한 음악 듣기

- 다음주까지 제출해야 할 영어 연구 과제를 위해 도서관 가기

- 앤과 800미터 산책 가기

- 아르바이트를 위한 면접 보기

❷ 다음 기준으로 목록에 순위 매기기

  A-아주 중요함, 꼭 해야 함

  B-조금 중요함, 좀 기다렸다 해도 됨

  C-하면 좋은 일, 하지만 꼭 할 필요는 없음

예를 들어, 가장 중요한 목표가 '삶에서 스트레스 줄이기'라고 해보자. 그렇다면 결과적으로, 정기적으로 긴장을 완화해 주는 일이 최우선 순위가 되겠지? 일부러 시간을 내서 하고 싶지, 다른 걸 다 한 다음에 남는 시간에 이걸 하고 싶지는 않은 거다. 그러면 '친구들과 재미난 일 하기'와 '긴장 완화를 위한 음악 듣기'가 최우선 과제가 되고, 이들이 A가 된다. 곧 내야 할 숙제가 두 가지이다. 금요일에 낼 역사 숙제와 다음 주에 낼 영어 숙제. 명백히 역사 숙제가 우선이다. 거기에 A를 주면, 영어 숙제는 그 다음 B가 된다.

순위 매기기를 다 했다면, 목록은 이렇게 될 것이다.

  A-친구들과 재미난 일 하기

  C-에마 숙모에게 편지 쓰기

C-우주비행사 프로그램에 대한 정보를 얻기 위해 도서관 가기

A-금요일 역사 수업에 제출할 숙제 하기

C-러닝화 사러 가기

B-여동생 생일 선물 사기

A-버스 패스 사기

A-긴장 완화를 위한 음악 듣기

A-다음주까지 제출해야 할 영어 연구 과제를 위해 도서관 가기

B-앤과 800미터 산책 가기

A-아르바이트를 위한 면접 보기

❸ A, B, C 매긴 것을 각각 골라내고(ABC에 여러 가지가 있으므로) 순위를 또 매겨보자. 가장 중요한 A는 A-1이 되고, 그 다음 중요한 것은 A-2. 이렇게 목록을 쭉 정리해 보자.

이제 목록은 이렇게 된다.

A-1 금요일 역사 수업에 제출할 숙제 하기

A-2 아르바이트를 위한 면접 보기

A-3 버스 패스 사기

A-4 긴장 완화를 위한 음악 듣기

A-5 친구들과 재미난 일 하기

B-1 앤과 800미터 산책 가기

B-2 여동생 생일 선물 사기

B-3 다음주까지 제출해야 할 영어 연구과제를 위해 도서관 가기

C-1 러닝화 사러 가기

C-2 에마 숙모에게 편지 쓰기

C-3 우주비행사 프로그램에 대한 정보를 얻기 위해 도서관 가기

여기까지 하면, 너희는 어떤 것이 최우선순위이고, 어떤 것이 좀 더 있다 해도 되는 것인지 알 것이다. 이 일들을 체계적으로 공략해 나갈 수 있으며, 중요한 일들을 제시간에 다 한다는 사실에 안도할 수 있다. A를 다 마치면, 바로 B 단계로 들어간다.

이러한 접근 방식은 처음에는 복잡해 보일 수도 있다. 하지만 몇 번만 해보면 아주 빠르게 진행된다.

앞으로 두 가지만 염두에 두자.

- 목표는 목록에 올라 있는 모든 것을 다 성취하는 것이 아니다. 만일 그렇게 만 된다면, 굉장한 거지. 그렇다고 밀어붙이지는 마라. 자기가 가진 시간 내에서 할 수 있는 최선의 것을 하면 된다. 적어도 중요한 일은 다 마칠 수 있을 것이다.
- 목록을 절대적인 걸로 생각하지 마라. 상황은 날마다 혹은 매 시간 바뀌게 마련이다. 예를 들어, 역사 숙제가 한 주 뒤로 미뤄진 걸 알 수도 있다. 혹은 친구 앤이 오늘은 산책을 못 갈 수도 있다. 유연하게 대처하자.

'해야 할 일' 목록을 만들면 방향감각이 생긴다. 하지만 목록에 순위를 매기지 않는다면, 제일 먼저 자기를 해달라고 외치는 듯한 일더미 속에 방치되는 꼴이다. '지금 모든 걸 다 하든지 아무것도 하지 말든지'라는 정신 상태가 되어버리면, 매일의 일상은 스트레스와 혼란으로 가득 찰 것이 뻔하다. 그러다 보면 개인적 비전에서 매우 중요한, 그 아무것도 하지 않는 모험을 감행한다. 의미 있는 곳에는 어디도 가지 못한 채, 그저 페달만 미친 듯이 밟는 것이다.

시간을 관리하면, 날마다 목표를 위해 무언가를 실행하게 된다. 이 일은 스트레스를 줄여주고, 성취감을 안겨준다. 아주 조금만 단계를 밟아나가도, 너희는 자신이 되고자 하는 사람의 모습에 가까워지게 된다.

> 시간은 인생과 같다. 되돌릴 수 없고, 다른 것으로 대체할 수도 없다. 시간을 낭비하는 것은 인생을 낭비하는 것이다. 하지만 시간을 쓸 줄 아는 것은 인생을 가장 쓸모있게 사는 것과 같다.
>
> -앨런 레이킨, How to Get Control of Your Time and Your Life

모험 감행의 단기 코스

너희는 다음 중 어떤 일을 선택할까?

- 쇼핑센터로 친구와 놀러 나가기/ 아무도 아는 사람 없는 파티에 참석하기

- 조금만 공부하고 내내 TV 보며 주말 보내기/ 새로 사귄 친구들과 여행 가기

- 우주비행사가 될 계획을 세웠다면, 학교에 가서 그냥 시간 때우기/ 꼭 들어야 할 수업에서 잘하려고 노력하기

각각의 상황에서, 두 번째 선택 사항은 모험을 감행하는 것이다. 이 책에서 언급된 많은 변화들은 행동이나 결정을 달리하기 위해 모험을 감행함을 의미한다.

모험을 감행하는 일은 위험한 여행을 떠나는 것과 같을 수 있다. 길을 가다 어떤 것에 맞닥뜨릴지 모른다. 너희가 지금 가진 수준의 지식과 경험은 낙관하기엔 충분하지 않을 수 있다. 진정한 배움의 모험이란, 정의하자면, 성공하기 위해 새로운 것을 배워야 한다는 뜻이다. 너희는 헤쳐나갈 수 있도록 성장해야 한다. 모험을 감행하는 일은 무서울 수도 있다.

약간(혹은 아주 많이) 위험한 배움의 모험을 떠나는 것에 대해 사람들이 생각하기 시작하면, 시작되기도 전에 모험을 끝내 버릴 두 가지 위험한 동물을 만나는 경우가 많다.

'하지만 만일'과 '할 수는 있지만' 괴물은, 모험을 하면서 배우고 성장하려는 사람들

에게 자연적으로 매력을 느끼고 덤벼든다. 이 괴물들에게 물렸는지 어떻게 알 수 있을까? 자신도 모르게 이렇게 말하는 것을 깨달을 때가 있다. "난 할 수도 있어. 하지만 만약에" 혹은 "난 그걸 할 의지가 있어. 하지만". 이 괴물에 심각하게 물린 사람들은 모험을 하지 않는 편을 택한다. 성장하거나 변화하지도 않고, 그저 괴물로부터 몸을 감추는 것이다.

모든 배움과 개인적 성장은 약간의 모험을 감행하는 것을 의미하기 때문에, 이런 괴물을 물리치기 위해서는 특별한 몇 가지 모험 감행의 기술이 필요하다. 다음의 방법들은 그 어떤 근심과 걱정에도 불구하고 배움의 모험을 시작하는 데 필요한 용기를 찾도록 도와줄 것이다.

작은 것부터 시작하자

여행의 끝에 초점을 맞추지 말고, 다음에 밟을 단계에 초점을 맞추어라. 개인적 비전에 언젠가 마라톤을 완주하는 것이 포함되어 있을지도 모르겠다. 대부분의 마라톤은 42.195킬로미터니까, 지금 너희에게는 불가능해 보이는 거리다. 첫 번째 시도에서 풀코스 마라톤에 도전해서 그저 달리기 시작하는 것은 좋은 일이 아닐 것 같다. 이 세상 많은 사람들은 단거리에서 시작해 좀 더 긴 거리를 달리는 마라톤 트레이닝을 한다. 달리다 보면 어느 날, 한번에 1킬로미터를 달릴 수 있다.

작은 것부터 시작한다는 것은 도서관에 가서 건강 달리기 서적을 구하거나, 마라톤을 완주한 사람과 이야기를 나누는 것을 의미할 수도 있다. 이 단계의 모험 수준은 매우 낮다. 도전할 과제에 대해 이해하면 할수록 그 다음 단계, 또 그 다음 단계를 밟고 싶어질 것이다. 그리고 나면 다음에는 결승 테이프를 끊을 수 있을 것이다.

평균 혹은 그 이하의 수준이 되어도 괜찮다고 해주자

이 과제는 만일 너희가 모든 일을 잘해내고 싶어 하는 종류의 사람이라면 아주 어려운 과제일 수도 있다. 너희가 무언가 완전히 새로운 것을 하기 시작했다면, 아마 한동안은 그 일을 잘해내지 못할 거다. 그럴 때는 자신에게 너그러워지고, 무언가를 배워라. 새로운 노력에 대해 적어도 한동안은 능력 부족이라고 느낄 수 있다. 배우는 즐거움과 자신이 새로운 방향으로 성장하고 있다는 긍정적인 감정에 집중할 수 있는지 한번 보자. 그 어떤 배움의 모험에도, '실패'가 새로운 지식이나, 기술을 습득하는 길에 꼭 필요한 과정이라는 사실은 참으로 중요하다.

> 무언가를 엉망으로 해놓아도 괜찮다. 자신에게 휴식을 주어야 할 때도 있으니까.
>
> -빌리 조엘

도움을 받아라

그 누구도 위험한 모험의 길을 혼자 가서는 안 된다. 도움과 용기를 줄 만한 네댓 명의 사람을 찾아라. 그들과 정기적으로 만나고, 그들의 도움과 조언, 건설적인 피드백을 받아라. 특별한 지식이나 기술을 가진 사람이 필요할 수도 있다. 그런 사람들은 너희 배움의 모험이 목표하는 지점에 있는 사람들일 거다. 아니면, 너희가 바라는 만큼 빠르게 발전하지 못한다고 할지라도, 너희가 사랑스럽고, 능력 있는 사람임을 상기시켜 주는 친구 몇 명을 두는 것으로 충분할 수도 있다.

열정이 사그라들거나 절망적으로 되어서 그만두고 싶을 때도 있게 마련이다. 모두에게 이런 때는 있다. 이런 순간은 배움과 성장에 있어 얼마든지 예측 가능하다. 너희에게 신경 써주고 이해해 주는 친구들이 있다면 네가 무슨 일이든 계속해 나가는 데 힘이 될 것이다.

자신을 칭찬해 주어라

아무리 사소해 보이는 것이라 할지라도, 성공에 기뻐해라. 큰 변화란 그냥 이루어지지 않는다는 것을 기억해라. 그건, 작은 목표를 달성하고 또 달성함으로써 생기는 결과이다. 그 어떠한 사소한 단계를 넘어섰다 해도 그것은 발전이고, 칭찬받아 마땅하다. 자신을 위한 보상 체계를 고안해 보자. 너희 모험의 이정표를 세우거나 한턱 낼 계획 세우기, 선물하기 혹은 파티 열기도 좋다.

 완벽주의라는 부담

도전으로 가득 찬 삶을 헤치며 여행하는 동안, 스트레스는 엄청나게 늘 수도 있고 또 줄 수도 있다. 이 두 가지 상황 중에 어떤 것을 선택하느냐는, 자신을 어떻게 보느냐와 관련이 있다.

자신이 하는 일이 좋은 일인가 혹은 자기 자신이 좋은 사람인가를 항상 궁금해하는 가? 만일 그렇다면, 완벽주의라는 부담감과 싸우고 있는 것이다. 완벽주의자가 되려는 욕망의 가장 큰 문제점은, 자아 존중감이 평평한 땅이 아닌 줄 위에 놓여 있다는 점이다.

완벽주의자들은 자기가 뛰어나게 잘하지 않으면 어떤 일도 즐기지 못한다. '뛰어나다'고 할 수 있는 단계에서 한두 단계 아래라면, 그들의 자아는 무너진다. 완벽주의는 성장과 변화의 큰 장애물이다. 자기가 잘할 수 있는 일만 하도록 사람들을 가두기 때문이다. 극한까지 가면, 완벽주의 때문에 새로운 일을 시도조차 하지 못할 수도 있다. 완벽주의는 개인적인 발전을 심각하게 저해하고, 너희를 아주 지겨운 사람으로 만든다.

> 완벽을 지향한다면, 사실은 그것이 움직이는 과녁임을 알게 될 것이다.
>
> -조지 피셔

완벽주의자인가?

너희가 얼마나 스스로를 괴롭히고 있는지 깨달으려면 다른 사람들로부터 객관적인 피드백을 받아야 할 수도 있다. (우리 모두 때로는 약간 완벽주의자 기질이 있기도 하니까.) 그와 동시에, 너희 자신의 완벽주의자 기질을 알 수 있게 해주는 자기 질문지를 한번 보자. 각 문항을 읽고 얼마나 일치하는지를 다음의 숫자를 써서 점수로 매겨보자. 별도의 종이에 숫자를 써보자. 마지막으로 그 숫자를 합해라.

- +2 = 아주 많이 일치한다
- +1 = 어느 정도 일치한다
- 0 = 중립적인 입장이다
- -1 = 약간 불일치한다
- -2 = 아주 많이 불일치한다

❶ 나 자신을 위해 아주 높은 기준을 세우지 않는다면, 나는 이류 인간으로 끝날 것만 같다.

❷ 실수를 하면 사람들이 나를 하찮게 볼 것이다.

❸ 어떤 일을 정말 잘할 수 없다면, 아예 하지 않느니만 못하다.

❹ 내가 실수를 하면 나 자신에 대해 화가 나야 정상이다.

❺ 내가 충분히 노력하면, 내가 하고 싶은 그 어떤 것이든 아주 잘할 수 있어야 한다.

❻ 약한 면이나 유아적 행동을 보이는 것은 미성숙한 행동이다.

❼ 실수는 한 번 이상은 반복하지 않아야 한다.

❽ 평균 성적을 거두는 일은 내게 불만족을 안겨준다.

❾ 중요한 일을 잘 못하면 내 존재감이 덜 느껴진다.

❿ 내 기대에 못 미쳤다고 나를 책망하면, 그 책망감이 다음번에는 더 잘할 수 있는 원동력이 된다.

이제 점수를 더해보자. 0 이상의 숫자가 나왔다면, 완벽주의자 경향이 있는 것이다. 0 이하의 숫자는 완벽주의자 경향이 덜한 심적 상태를 의미한다.

부담감에서 벗어나기

자기 진단에서 어떤 것을 알게 되었나? 0 이상의 숫자가 나왔다면, 일을 좀 다른 방식으로 해보는 걸 고려해 봐야 할 수도 있다. 다음과 같은 방식을 제안한다.

- 주어진 프로젝트에 얼마나 많은 시간과 노력을 들일지 결정해 보자. 완벽주의자라면, 아무리 노력을 많이 한다 해도 만족하지 못한다. "이제 그만 둘 때야. 나는 잘했어. 이제는 다른 걸 할 때야"라고 말하는 연습을 해라.
- 새로운 것을 배우는 과정에 있다는 것만으로 만족감을 느껴라. 얼마나 잘하느냐와는 상관없이 말이다.
- '실패'와 '실수'라는 단어의 정의를 마음속에서 새로 내려라. 나쁘거나

인생에서 완전히 실패한 것을 나타내는 단어라고 생각하지 말고, 네가 배우고 성장한다는 증거로 생각하자.

- 친구, 부모님 그리고 상담 선생님같이 신뢰하는 사람들에게 너희 노력에 대해 객관적인 피드백을 해달라고 요청하자. 그들은 특정한 일을 시도하는 데 있어 '합리적인' 반응양식이 어떤 것인지 통찰력을 줄 수 있을 것이다.

- 도서관에 가서 완벽주의에 관한 책을 찾아보자. 많은 책들이 있을 것이다. 완벽주의는 이처럼 많은 사람들에게 문제가 되는 것이다.

완벽주의는 자신에 대해 나쁘게 느끼도록 하는 확실한 방법이다. 완벽하고자 노력할수록 실패하는 것처럼 느끼기 쉽다. 왜냐, 완벽하기란 불가능하니까. 완벽주의라는 부담감, 그리고 그것이 만들어내는 스트레스에서 벗어나면, 기분이 아주 좋아질 것이다. 그리고 그저 평범한 인간이 되는 편이 훨씬 재미있고, 흥미롭다는 것을 알게 될 것이다.

> 나는 아무도 완벽하지 않다는 것을 알았다. 그리고 나도 나 자신이 더 이상 완벽하기를 바라지 않는다.
>
> -컬리 사이먼

유머 감각 기르기

인생이라는 여행길에서 느끼는 스트레스를 아주 많이 줄일 수 있는 또 하나의 선택권이 아직 남아 있다. 사물의 밝은 면을 보는 것이다. 다시 말해, 유머 감각을 키우는 걸 잊지 말라는 거지.

삶에서의 스트레스를 다루는 일, 친구들로 이루어진 안전망을 짜는 일, 그리고 자신의 개인적 비전을 향해 한 발짝씩 다가가는 일에 능숙해질수록, 너희는 자기 자신과 삶에 대해 훨씬 기분 좋게 느낄 것이다. 당연히 기분이 가볍고, 행복하고, 웃음을 터뜨리고 싶어진다. 여기에는 심리학적인 이유가 있다. 스트레스가 감소하면서, 유머 감각이 성장하기 시작한다. 이건 아마 잘 몰랐겠지. 심지어 자기에게 유머 감각이 있는지조차 믿으려 하지 않았을지도 모르겠다. 그러면서 몸에 대해 알고 있다고 생각했다니!

유머 감각은 삶이 유난히 헷갈리고, 고역스러울 때 긴 안목에서 사물을 바라볼 수 있게 도와준다. 유머 감각, 자주 웃기, 노는 시간 등은 건강한 상태를 유지하기 위해 꼭 필요한 요소이다. 어려운 상황에서도 유머를 즐길 줄 알고, 규칙적으로 웃음을 터뜨려 준다면, 사람들이 같이 있고 싶어 하는 즐거운 사람이 될 것이다.

유머 감각은 육체적으로도 건강할 수 있도록 도와준다. 1980년 이후부터, 노먼 커즌 이라는 사람이 우스운 영화를 봄으로써 치명적인 병에서 회복된 것을 계기로, 과학자들은 유머 감각이 건강에 끼치는 영향력을 연구하고 있다. 스탠포드 대학의 윌리엄 프라이 박사에 의하면, 웃음은 사람의 호흡 활동(호흡 비율), 이산화탄소를 내뱉고 산소를 흡입하는 양, 근육 운동, 심장 박동수 등을 증가시킨다고 한다. 웃음은 심장혈관계, 교감신경계, 뇌하수체선 등을 자극해서 전반적으로 긍정적인 생화학적 상태로 이끈다고 한다. 프라이 박사의 말을 좀 더 들어보자.

인간사의 평범한 진행에 있어, 유머는 부정적 감정이 끼치는 파괴적인 영향력으로부터 우리를 보호해 준다.

이것이 너희에게 무엇을 의미할까? 웃으면 더 기분 좋고, 더 행복하다고 느낀다. 더 기분 좋고 더 행복하다고 느낄수록, 더 많이 웃게 되고, 유머감각도 더 커진다. 그것이 돌고 돌아 커다란 '긍정적' 동그라미를 만든다. 인생은 즐거운 것이어야 한다!

7일 동안 웃지 않으면 사람은 나약해진다.

-조엘 굿먼

이런 생각은 새로운 것은 아니다. 80년쯤 전에, 버나르 맥파든(초기 정신 생리학자 중 한 사람)이라는 사람이 웃음의 미덕을 찬양한 적이 있다. 그는 자신의 저서에서, '비극적 결과(엄청난 스트레스를 말하는 옛날 말)'를 막는 한 가지 방법은 '즐겁게 마음껏 웃는 방법으로 감정을 표현하는 길을 찾는 것'이라고 밝혔다. 그의 말을 계속 들어보자.

웃음이 생활에 활력을 주는 소중한 것임은 두말할 나위가 없다. 그리

고 의심의 여지없이 원기도 북돋운다. 웃음은 희망을 갖게 한다. 웃음
은 인생의 밝은 면을 보도록 이끈다. 너희가 웃을 수 있을 때, 하늘에
구름이 얼마나 많이 끼어 있든지 간에 태양은 환히 빛난다.

수줍음을 타고 자의식이 강한 사람들에게는 웃는 것이 때로 어려울 수도
있다. 이 책에서 설명된 다른 기술과 마찬가지로, 이 소중한 스트레스 감
소제는 배우고, 실천할 수 있는 것이다. 버나르 맥파든은 우리가 시도해
볼 수 있는 '웃는 방법'에 대해 다음과 같이 이야기해 준다.

적절하게 웃고, 가장 좋은 결과를 얻기 위해서는 우선, 웃기는 태도를
취해보라. 양발을 벌리고, 무릎은 살짝 숙인다. 자, 그럼 손바닥을 아
래로 하고, 무릎 바로 위의 다리에 대고 강하게 때려보라. 그 다음엔
팔을 굽혀 머리 위로 하고 흔들면서, 웃는 것과 비슷한 소리를 내보
라. 그래, 맞다. 처음에는 무대 위의 차가운 웃음처럼 들릴 테지만, 그
래도 계속해야만 한다. 이렇게 계속할수록, 점점 더 자연스럽게 될 것
이다. 충분히 오랫동안 해보라. 그러면 누구든지 진정한, 연속적인 웃
음으로 인해 생기는 감정과 이 감정을 구별할 수 없을 것이다.

굉장한 유머 감각(과 커다란 웃음)을 기르면 세상은 더 나아질 것이다. 데
일 앤더슨 박사는 자신의 저서에서 단지 웃는 것만으로도 유머 감각과 긍
정적인 태도를 퍼뜨림으로써 '행복학 수업'을 시작할 수 있다고 말한다.
그의 신념은 이런 것이다.

미소는 커다란 웃음과 마찬가지로 전염성이 있고, "웃으면 복이 와요" 라는 속담을 생각나게 한다. 일상은 입꼬리가 가는 방향으로 진행된다. 우리는 얼굴에 웃음을 띰으로써, '웃음 마일리지'를 쌓는다. 머리부터 발끝까지 어떻게 차려입느냐보다 얼굴 표정을 어떻게 하는가가 훨씬 더 중요하다. 나의 결론은, 웃음 짓는 일이야말로 '얼굴의 가치'를 높이는 돈 안 드는 방법이라는 것이다.

> 생각해 보면 이상하지 않은가. 우리가 살기 전에 이 지구에 살았던 셀 수 없이 많은 사람들 가운데서, 역사상 혹은 전설상으로 웃어서 죽은 사람이 없다는 것 말이다.
>
> ―맥스 비어봄

유머 감각을 기르는 8가지 방법

스트레스에 시달린다면, 유머 감각을 기르는 다음의 방법을 한번 시도해 보자.

❶ 같이 놀러 다닐 만한 재미난 친구를 찾아보자. 너를 웃게 할 수 있는 훌륭한 유머 감각을 가진 사람. 그들을 너의 '안전망'에 끼워 넣어라.

❷ 재미난 영화를 자주 보러 가자. 만일 웃기는 것과 뭔가 좀 심각한 것 중 하

나를 보아야 한다면, 혹은 자신을 한번 놀래주고 싶다면, 웃음을 터뜨릴 만한 영화를 보는 게 좋다.

❸ 재미난 TV 프로그램 혹은 비디오를 보자. 스탠드업 코미디 프로그램, 슬랩스틱 코미디 영화, 엉뚱하고 괴상한 주제를 다루는 프로그램들은 많다.

❹ 코미디 프로그램 공개 녹화 현장에 가보자. 코미디언들은 삶의 밝은 측면을 보는 데 전문가들이다. 어디서 우스운 것을 찾아야 하는지 아는 사람들이다.

❺ 재미있는 작가의 책이나 만화책 혹은 인기 있는 웹툰 만화를 읽어보자. 정말 재미난 만화는 오려내서 책상에 붙이거나 공책 안쪽에 붙여놓아도 좋다.

❻ 코미디 프로를 녹화해 보자.

❼ 우스운 이야기를 일주일 동안 배우고, 아는 사람들에게 얘기해 보자. (설령 썰렁하다고 할지라도) 이렇게 하면 네가 밝은 면이 있는 사람임을 알리는 데 도움이 될 것이다.

❽ 언제든 어디서든 기회만 닿으면 웃음을 터뜨려라.

아쉽지만 버려야
할 것이 있고

맛을 들여야
하는 것도 있지.

냠 냠

오해를 받을 때도
있을 거야.

?

만 세

뜻밖의 좋은 일도
생기지.

중요한 건 걸음걸음
한 걸음, 나아가는 거지.

하잇

이제부터
시작이야!

넙죽

혀……
형님!

삶을 즐겁게 만드는 운동법

★한 가지 이상 좋아하는 운동을 찾아라.
★편안하고, 과하지 않고, 오랫동안 지속할 만한 가치가 있다고 생각할 정도의 강도로 규칙적으로 운동하자.

삶을 즐겁게 만드는 식이요법

★카페인과 설탕을 피하자.
★채소를 실컷 먹자.

삶을 즐겁게 만드는 호흡법

❶하나를 세고, 배로 숨을 들이마신다. 몇 초 동안 멈춘다.
❷둘을 세고, 가슴으로 숨을 들이마신다. 몇 초 동안 멈춘다.
❸셋을 세고, 아랫배에서부터 조금씩 숨을 토해낸다. 몇 초 동안 멈춘다.
❹넷을 세고, 가슴에 남아 있던 공기를 천천히 내보낸다.

삶을 즐겁게 만드는 명상법

❶응시할 벽을 찾는다.
❷결가부좌나 책상다리로 앉는다.
❸손은 무릎에 포개거나 손바닥이 아래로 향하게 해서 허벅지 위에 올린다.
❹고개를 올린 상태로 유지하고, 목이 수직이 되게 턱을 조금 당긴다.
❺눈을 뜬 상태로 45도 각도로 아래쪽을 바라보자. 고개를 비스듬하게 하지 말고, 그냥 아래쪽을 바라보자.

삶을 즐겁게 만드는 내가 가진 권리

★자기 인생에 대해 결정을 내릴 권리, 다른 사람의 요구에 대해 "안 돼" 라고 말할 권리

★나를 비판하거나 깎아내리는 사람들 앞에 당당히 맞설 권리
★사랑과 기쁨의 감정뿐 아니라 분노, 좌절, 혼란, 공포의 감정까지도 다른 사람과 나눌 권리
★자신의 권리가 침해당하는 데 반응할 권리
★재미있고 도전할 만한 수업을 들을 권리
★원하면 최선을 다해 과제를 할 수 있고, 그렇지 않을 때는 덜 완벽한 과제를 할 권리
★다르게 행동할 권리
★자신의 진도에 맞춰 그에 적합한 수업을 따라갈 권리

삶을 즐겁게 만드는 적극성 연습

▶문제: 친구에게 내가 늘 먼저 전화를 해야 해서 불만스러울 때
▶해법: ASSERT 공식을 따르기

Attention (주의 환기하기)
"후아니타, 내가 좀 오랫동안 고민해 온 문제가 있는데 잠시 시간 내서 얘기 좀 할 수 있겠니?"
—
Soon, Simple, Short (빨리, 단순히, 짧게 이야기하기)
"내가 느끼기에, 우리 사이에서 내가 항상 모든 일을 다 하는 것 같아."
—
Specific Behavior (특정한 행동 지적하기)
"나만 늘 전화하는 것 같거든. 네가 먼저 전화하는 걸 본 적이 없어."
—
Effect on Me (나에게 끼친 영향에 대해 이야기하기)
"나는 네가 내 생각을 전혀 안 하는 것 같다고 느껴. 그리고 우리 우정은 너한테 그다지 중요한 게 아니라고도 느끼고."
—
Response (반응하기)
"너도 나한테 전화 자주 하고, 같이 할 일들을 계획해 줄 수 있을까?"
—
Term (조건)
"고맙다. 네가 우리 사이에 대해 많이 고민하고, 앞으로는 자주 전화할 거라는 걸 알게 되어 정말 고마워."

와, 이것 봐! 할 수 있는 일이 생각보다 많지? 힘들고 짜증나고 우울하고 절망스러울 때라도 손을 놓고 호랑이의 점심거리가 되어선 안 돼. 조금만 주위를 둘러보면 몸과 마음이 편안해지거든. 용기를 내서 3장에서 배운 것들을 반복하고 떠올려 봐. 기억해야 할 것들이 있으면 공책에 적어놓고 쉬는 시간마다 들여다봐. 아니면 공부방 책상이나 독서실 책상 앞에 써서 붙여놔. 정말 중요하다고 생각하는 방법들은 조그만 종이에 적어서 지갑에 넣고 다녀야지. 너의 노력은 정말로 가치 있고 소중해!

이렇게 스트레스에 대해 살펴보고 어떻게 행동해야 할 것인지 살펴보았으니 '삶의 정글'이 좀 더 이해하기 쉽고, 덜 위협적으로 보이기를 바란다. 또한, 너희 삶이 향하는 방향에 스스로가 영향을 줄 수 있는 자신의 능력을 자각하고, 이 책이 긍정적인 개인적 비전을 발전시키는 데 도움을 주었기를 바란다.

이런 것들이 포함된 삶을 한번 상상해 볼까.

- 언제 한계 상황에 다다른 것인지 자각할 수 있는 능력, 자신을 잘 돌보기 위해 어떤 것을 해야 할지 아는 능력
- 더 높은 수준의 육체적 건강, 조용하고 깊은 휴식 시간, 가장 좋은 음식들
- 많은 훌륭한 친구들과 많은 '베스트 프렌드'
- 너희 욕구와 감정을 적극적으로 남에게 전달할 수 있는 능력
- 다른 사람이 중대한 결정을 대신 해주려고 하는 것을 알아채고, 그에 저항할 수 있는 능력
- 자신이 가고자 하는 방향을 정확히 아는 것
- 중요한 일들을 철저하게 하기 위해 삶의 구성요소들을 조직하고, 우선순위를 정하는 능력

- 활동 영역을 다양화하는 것
- 성장하고, 배우기 위해 필요한 위험 요소들을 기꺼이 감수하는 것
- 의미 있고 흥미진진한 경험을 통해 너희 삶을 좋은 모양으로 만들어가는 일에 도전해야 한다는 것과 그럴 책임이 있다는 것을 인정하는 능력
- 자신의 인생이 펼쳐지는 방식에 큰 만족감을 느끼고, 재미있게 지낼 수 있는 능력

이런 시나리오가 너무 이상적인가? 그럴 수도 있고, 아닐 수도 있다. 너희에게 달려 있다. 너희는 장애물을 뛰어넘어야 할지도 모른다. 너희는 변화하고 싶은데, 세상은 항상 너희 편이 되어주지는 않을 것이다. 이 책에서 설명한 중요한 인생의 기술을 얻는 데 필요한 훈련과 지원책 중 많은 부분은 대체로 학교에서는 배울 수 없다. (만일 그런 지원을 받을 수 있는 사람이라면, 정말 행운아이다. 그리고 감사할 일이다.) 청소년들은 위기에 대처하는 능력이 바닥을 드러낸 다음에야 스트레스를 해결하기 위해 파괴적인 행동을 택하곤 해서 전문가나 지원자 그룹의 도움을 받는다. 물은 다 엎질러졌는데 말이다!

청소년들은 '사회 체제'를 받아들이고, 적응하기 위한 미묘한 메시지를 받곤 한다. 만일 적응하는 데 문제가 있다면, 체제가 문제가 아니라 바로 너희가 문제라는 암시를 받는다. 학교는 청소년들이 자신의 미래를 준비하는 데 좀 더 효과적으로 되기 위해 열심히 변화를 시도한다. 하지만 학교가 청소년들에게 유능하고 성공적인 성인이 되기 위해 필요한 모든 기술을 가르치는 본연의 역할을 잘하기까지는 시간이 좀 걸릴 것이다. 그동

안 새로운 삶의 기술을 배우는 데 많은 도움을 받지 못할지도 모른다. 사회 체제를 너희 요구에 맞추고자 한다면, 굉장한 저항에 부딪칠 수도 있다. 이 책을 읽음으로써, 앞으로 부딪치게 될 스트레스 요인들을 관리하는 중요한 도구를 얻기 위한 소중한 첫 발을 뗀 셈이다. 자기가 바라는 인생을 어떻게 디자인할 것인지 큰 그림을 갖고 있을 거다. 또한 그것을 현실로 만들기 위해 필요한 기술을 이해하는 것도. 내가 바라는 것은 총명함, 선한 본능, 자아 존중감, 건강한 원동력 등이 가장 좋은 방향으로 너희를 계속 이끌어주었으면 하는 것이다.

앞으로 너희를 이끌어줄, 이제 마지막으로 상기시킬 요소들이다.

- 큰 꿈을 꾸는 용기를 가져라. 너희는 그럴 가치가 있다.
- 중대한 위험을 감수해야 할 때 지원을 받아라. 그리고 너희 꿈에 다가서라. 실천하지 않고 바라기만 한다면 후회로 가득한 삶이 될 거다.
- 너희 욕구와 삶의 명제에 대해 심각하게 생각해라. 너희가 신뢰하는 어른의 경험과 지혜는 마음을 열고 받아들이는 것이 중요하다. 결국, 너희는 여전히 삶에 대해 배우는 중이다. 하지만 너희 욕구와 관점은 매우 중요한 것이다. 생산적인 방향으로 적극적으로 행동하는 법을 배우는 것은 빠르면 빠를수록 좋다.
- 너희를 지지해 줄 사람들을 찾아라. 튼튼한 안전망은 그 어떤 것보다 중요한 자원일 수 있다. 우리는 누구나 이 세상에 혼자 있지만 삶은 함께해야 하는 것이다.

• 훌륭한 역할 모델, 즉 존경할 만한 사람, 뭔가 배울 점이 있는 사람을 찾아
라. 우리는 누구나 영웅이 필요하다.

마지막으로, 자신을 절대로 포기하지 마라. 너희는 이 우주의 기적이다.
너희는 가장 극진한 보호와 사랑을 받을 자격이 있다. 자, 해보는 거야!

> 나는 네가 누구인지, 무엇인지, 무엇을 가졌는
> 지, 그리고 여전히 어떤 것을 할 수 있는지에 대
> 해 네가 흥미로워했으면 좋겠다. 지금 네가 있는
> 곳 훨씬 저 너머를 볼 수 있도록 너에게 영감을
> 주고 싶다.
>
> -버지니아 사티, People Making

얼 힙 글 | 신얼 그림 | 이지나 · 신수진 옮김

1판 1쇄 발행 2009년 3월 30일
1판 2쇄 발행 2010년 1월 25일

발 행 인 | 서경석
편 집 인 | 김민정

편집 | 이윤정 · 송지연 디자인 | 강선희 마케팅 | 서기원 · 소재범

발행처 | 청어람주니어 출판등록 | 제313-2009-68호
주소 | 서울시 마포구 성산동 254-10 202호
전화 | 02) 323-8225, 6 전송 | 02) 323-8227
junior@chungeoram.com

ISBN 978-89-251-1739-3 03180